Monster Trucks

Livre de Coloriage

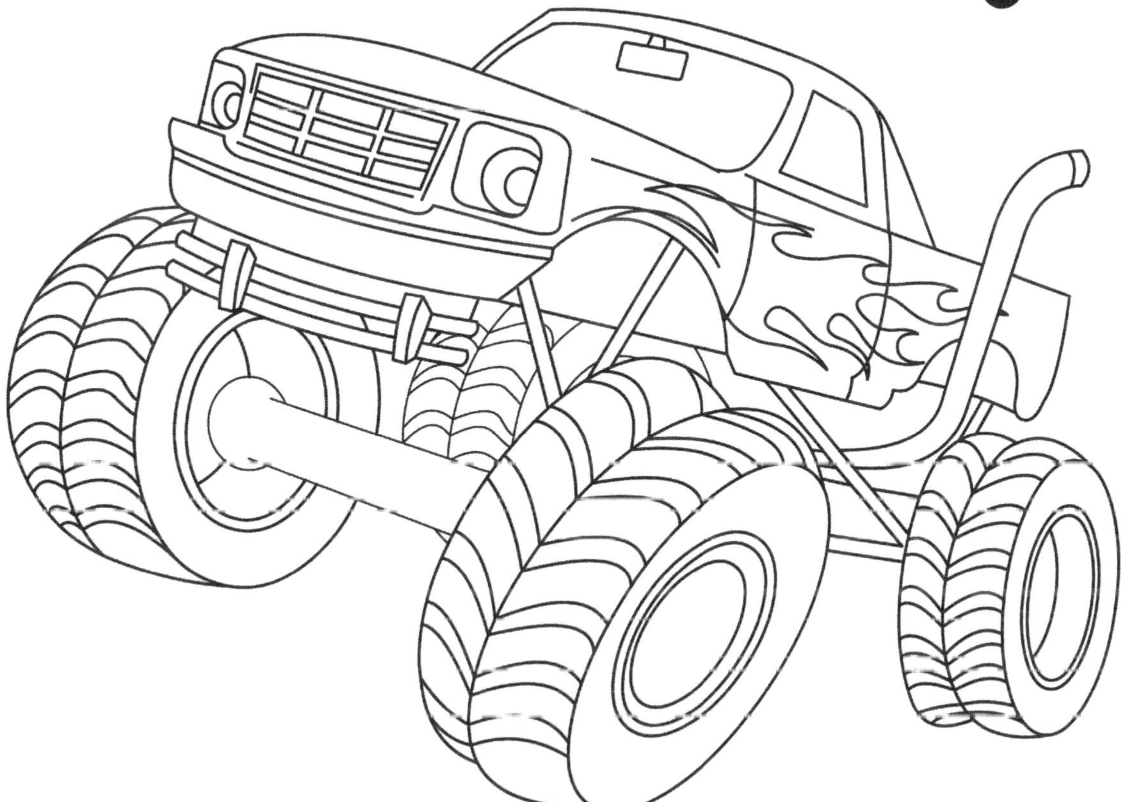

Pour Enfants 4-8 Ans

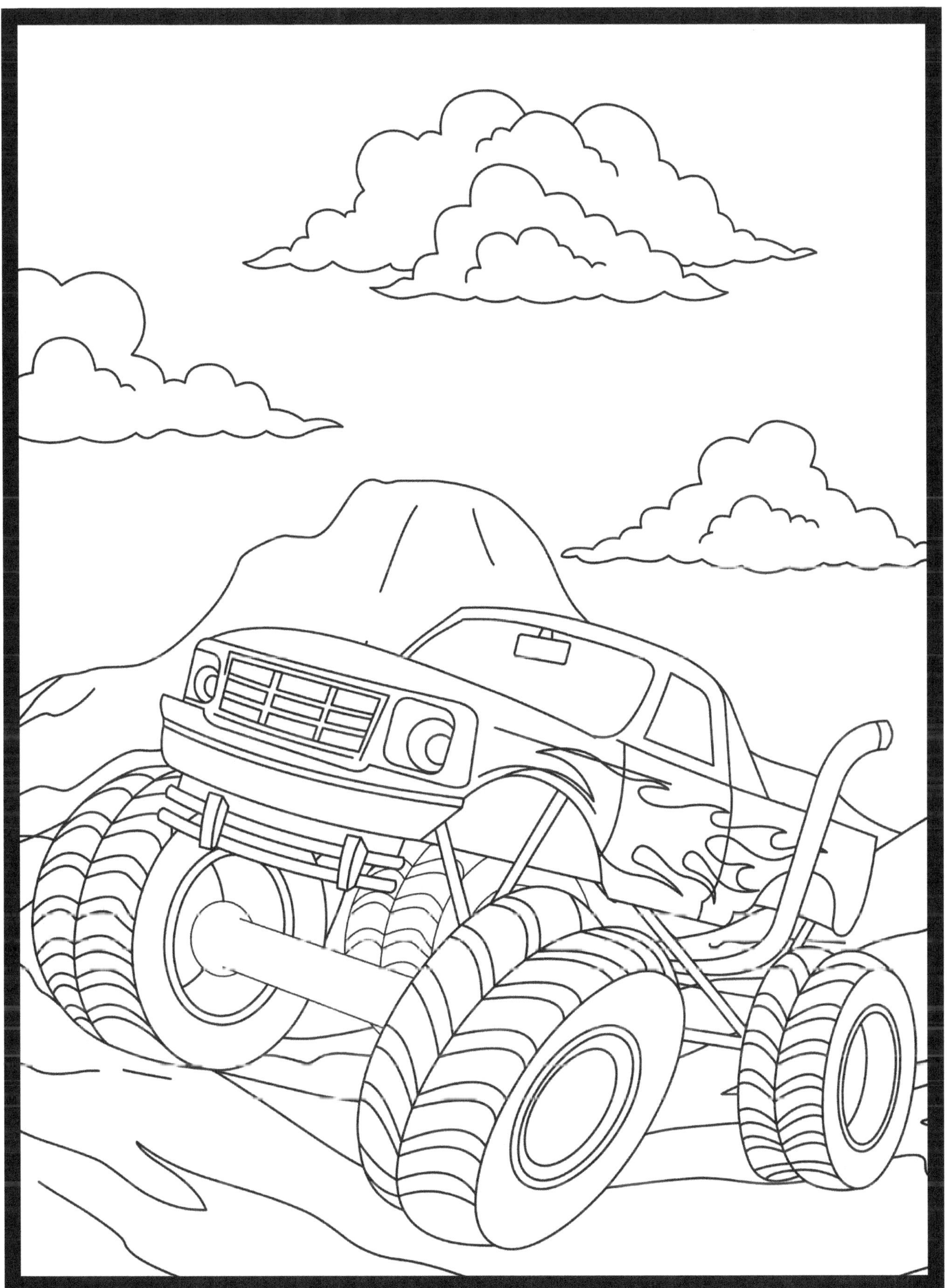

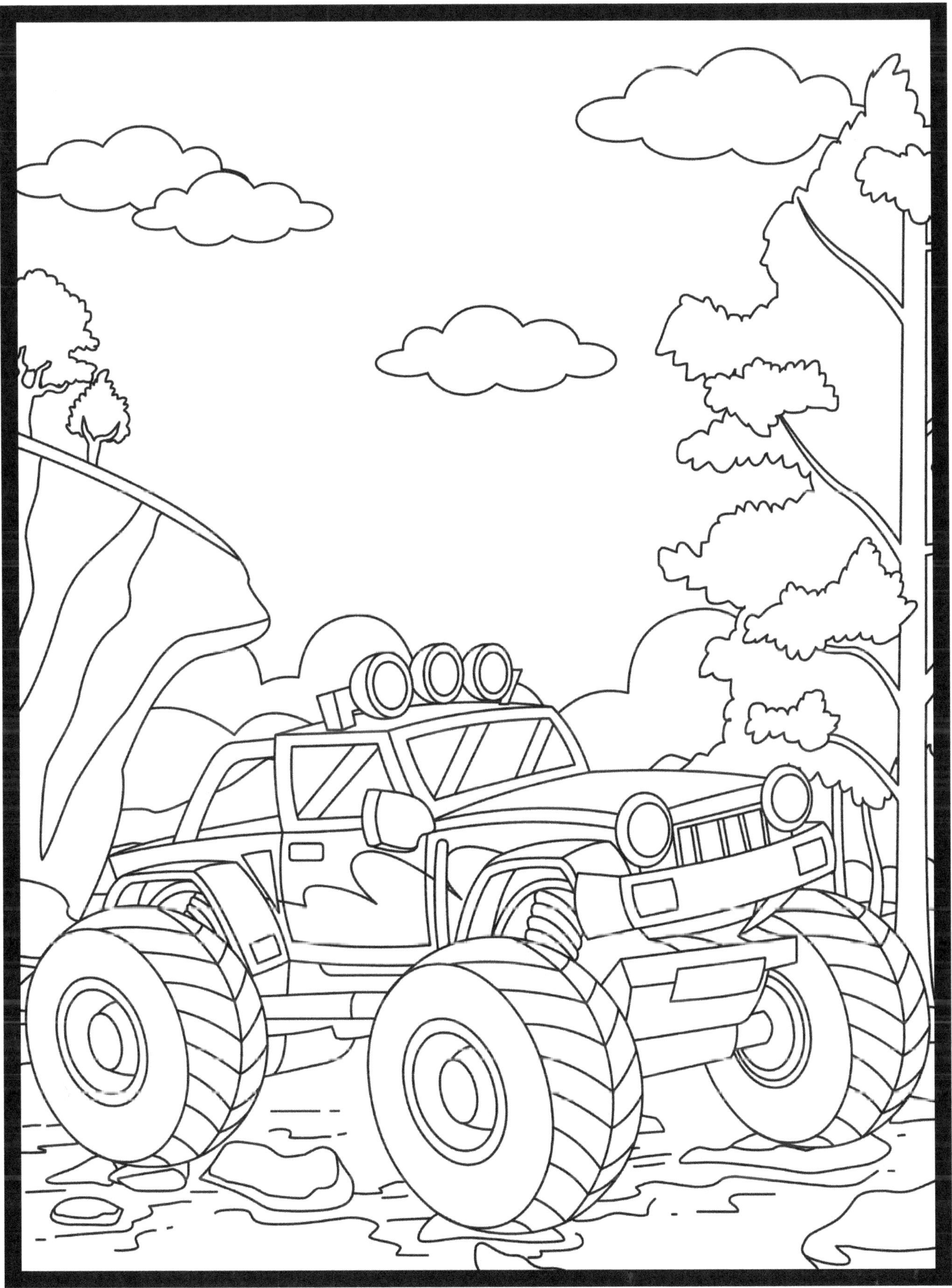

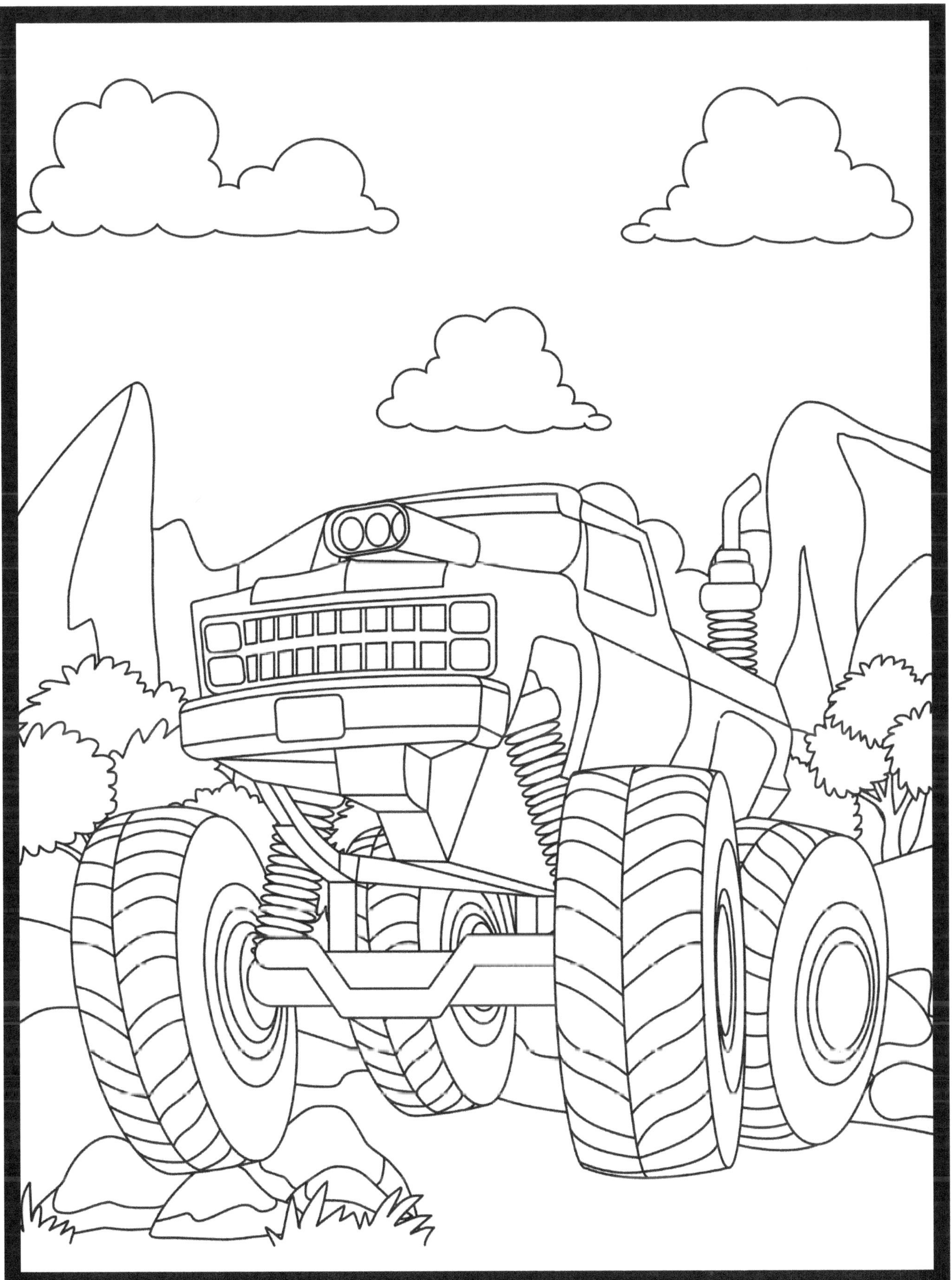

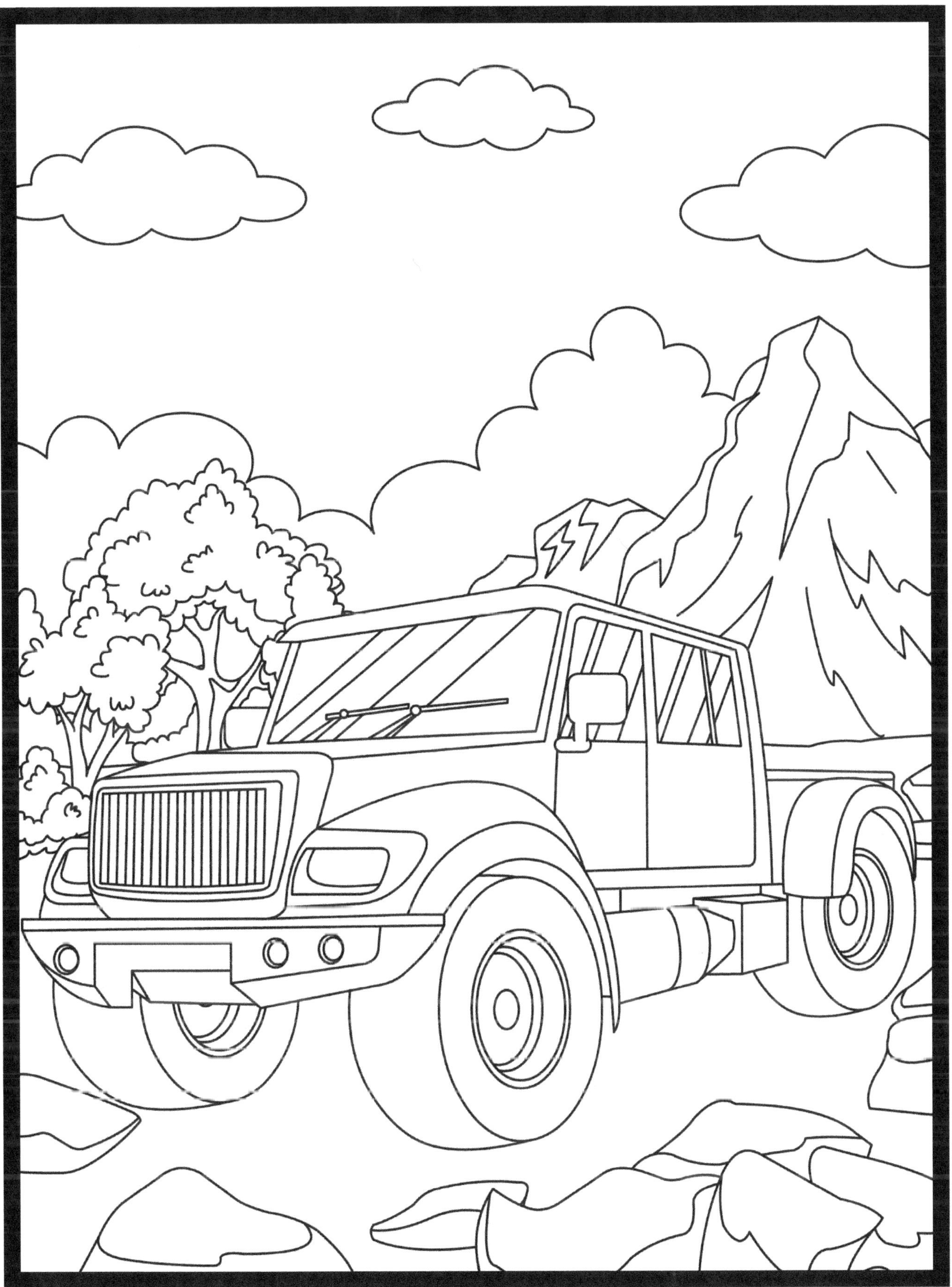

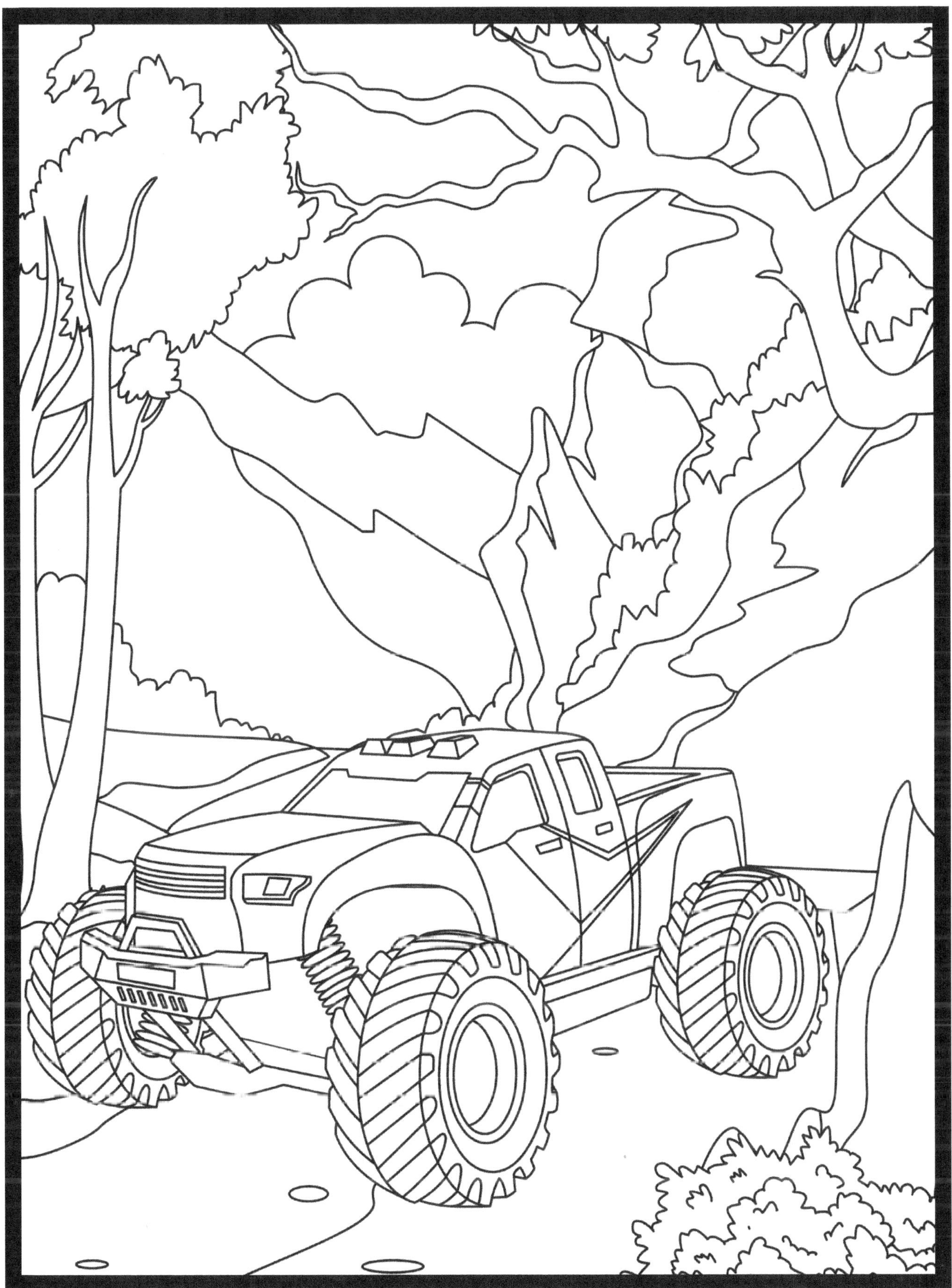

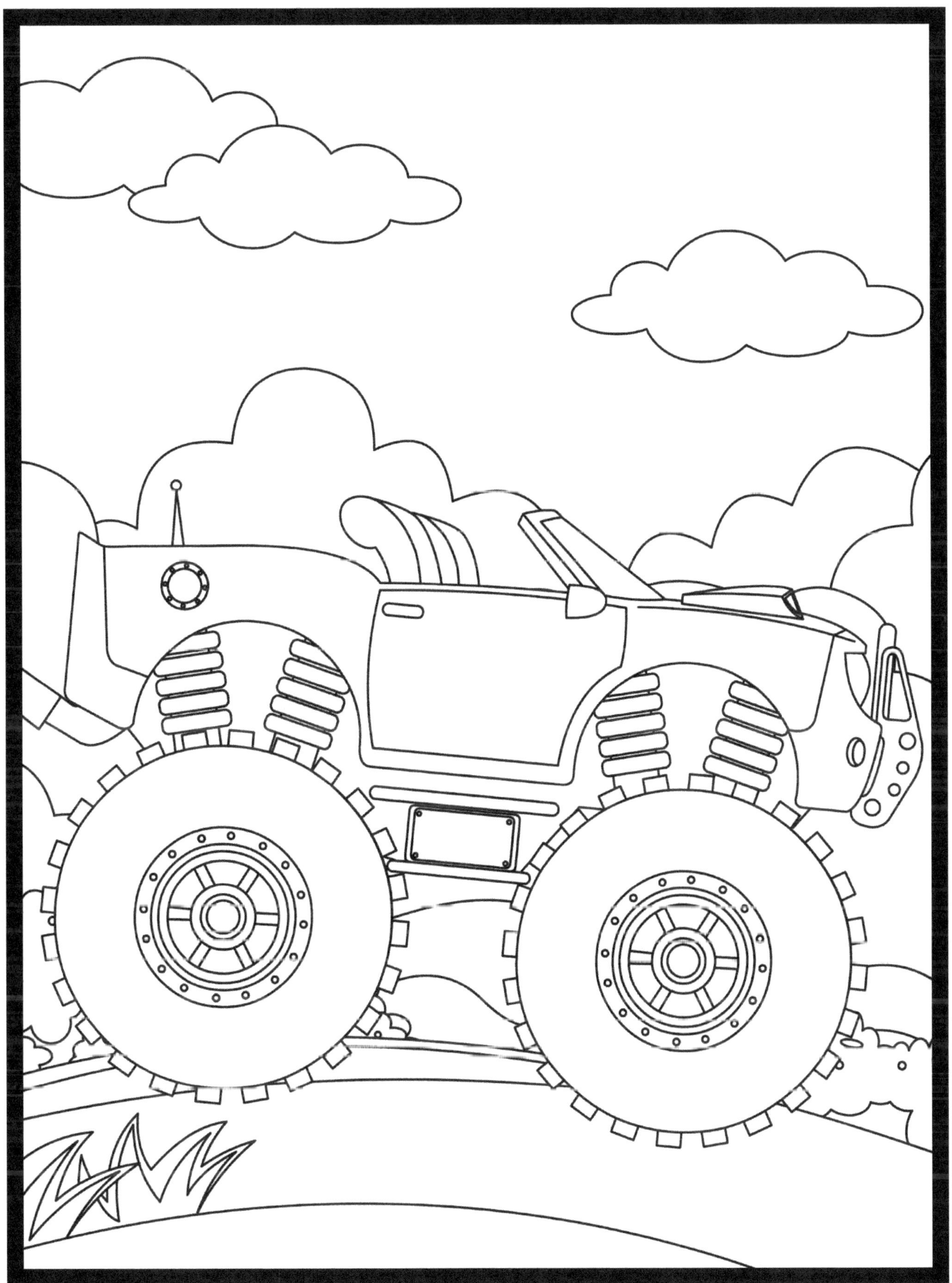

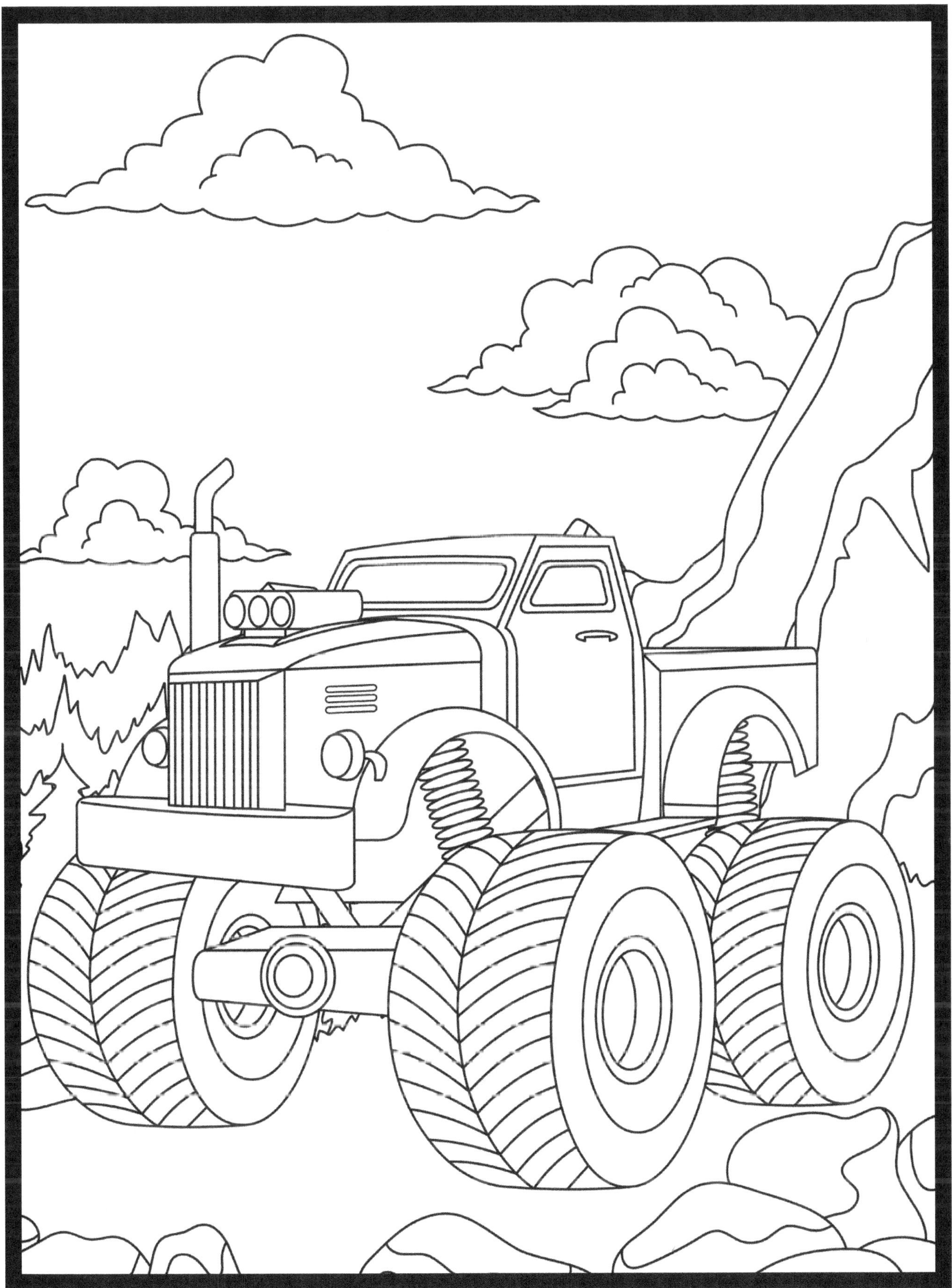

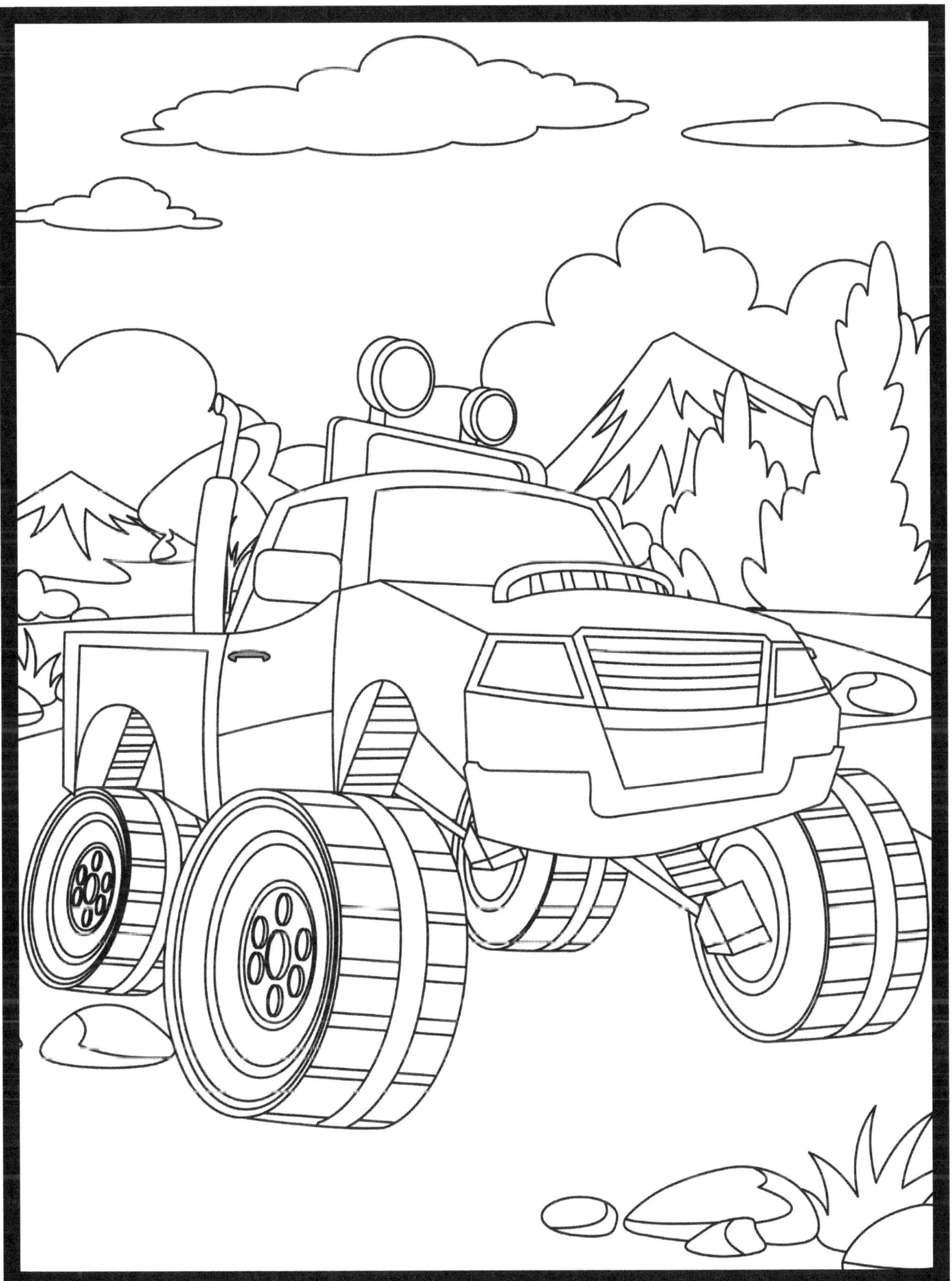

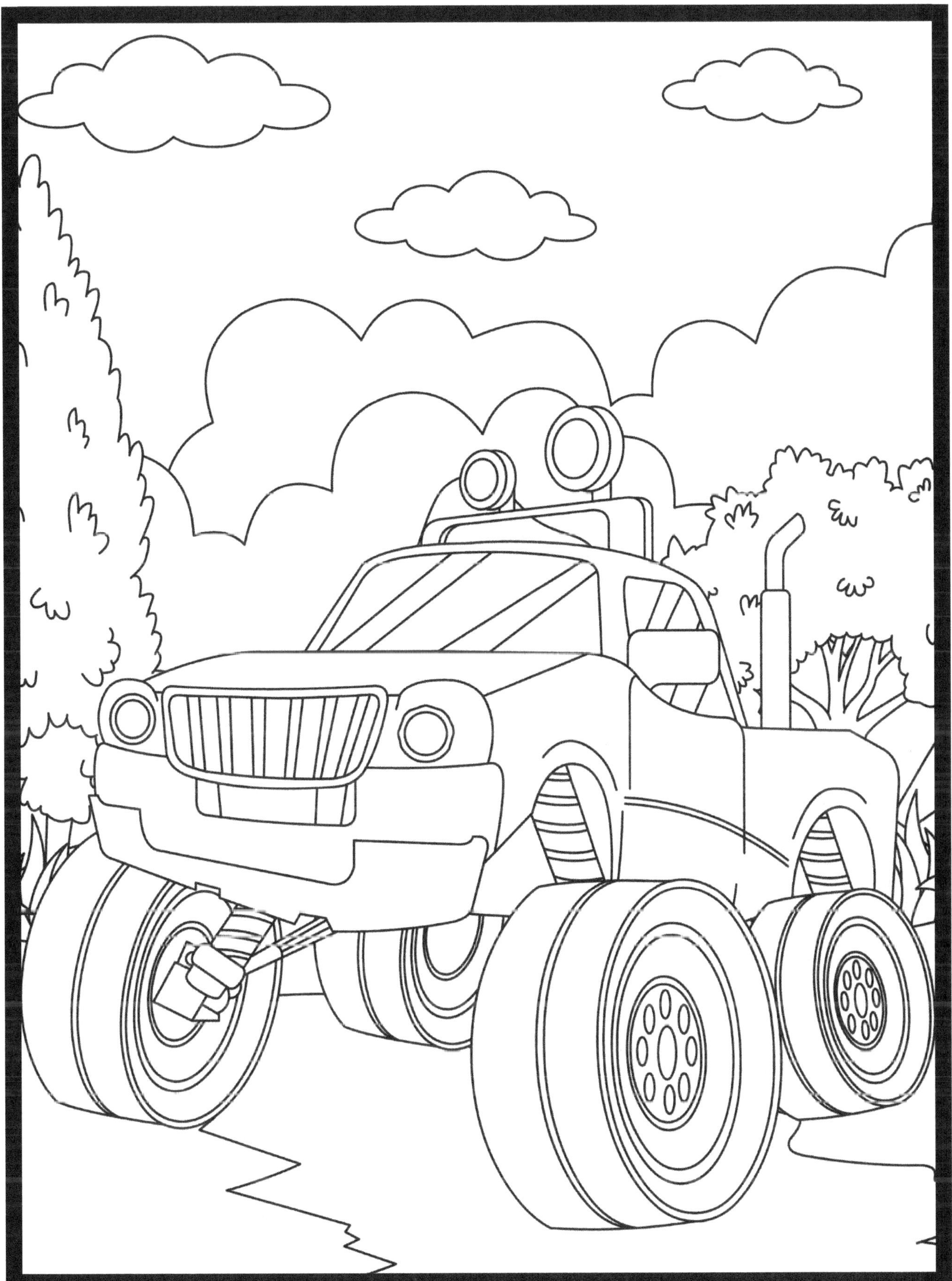

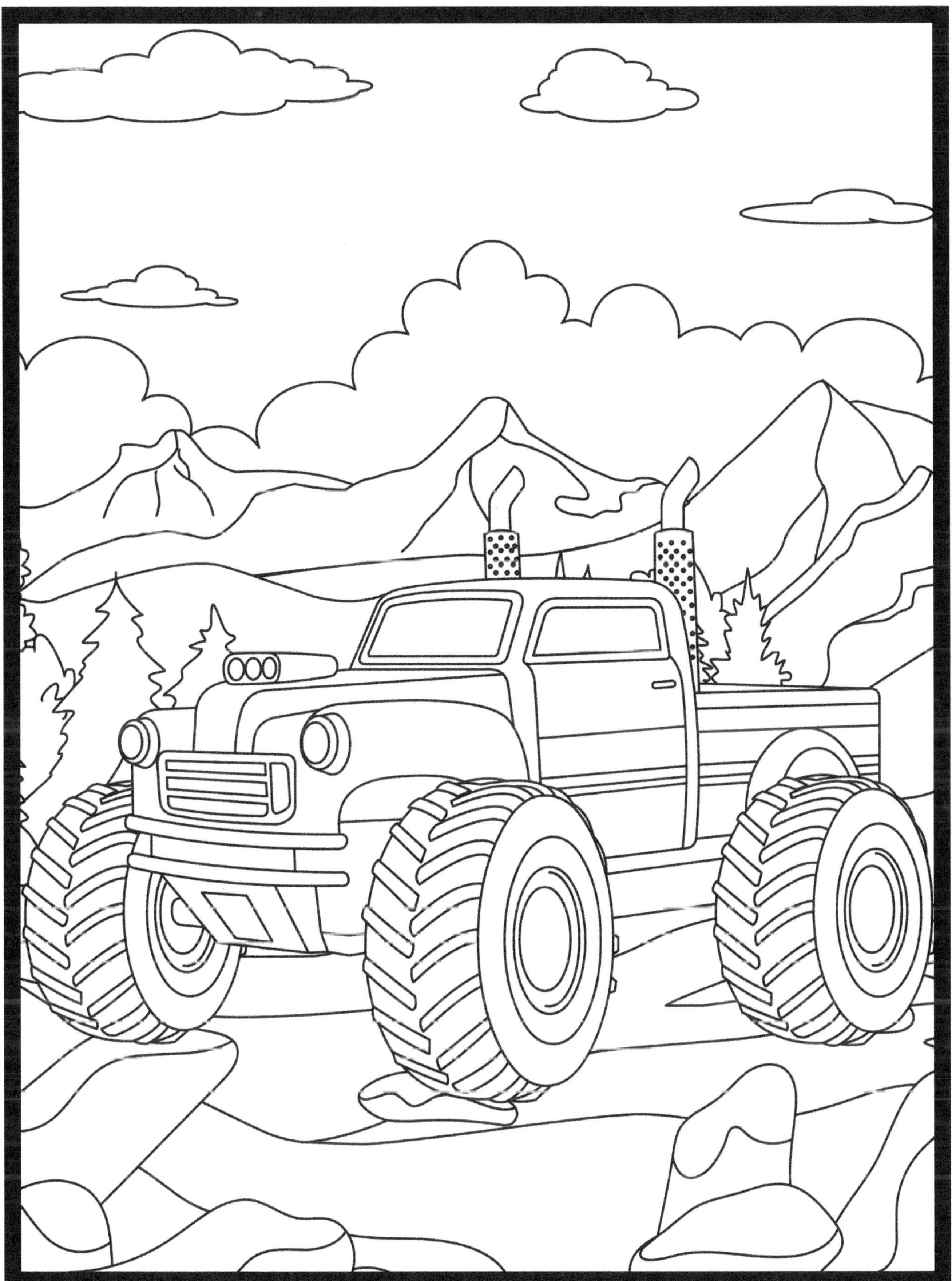

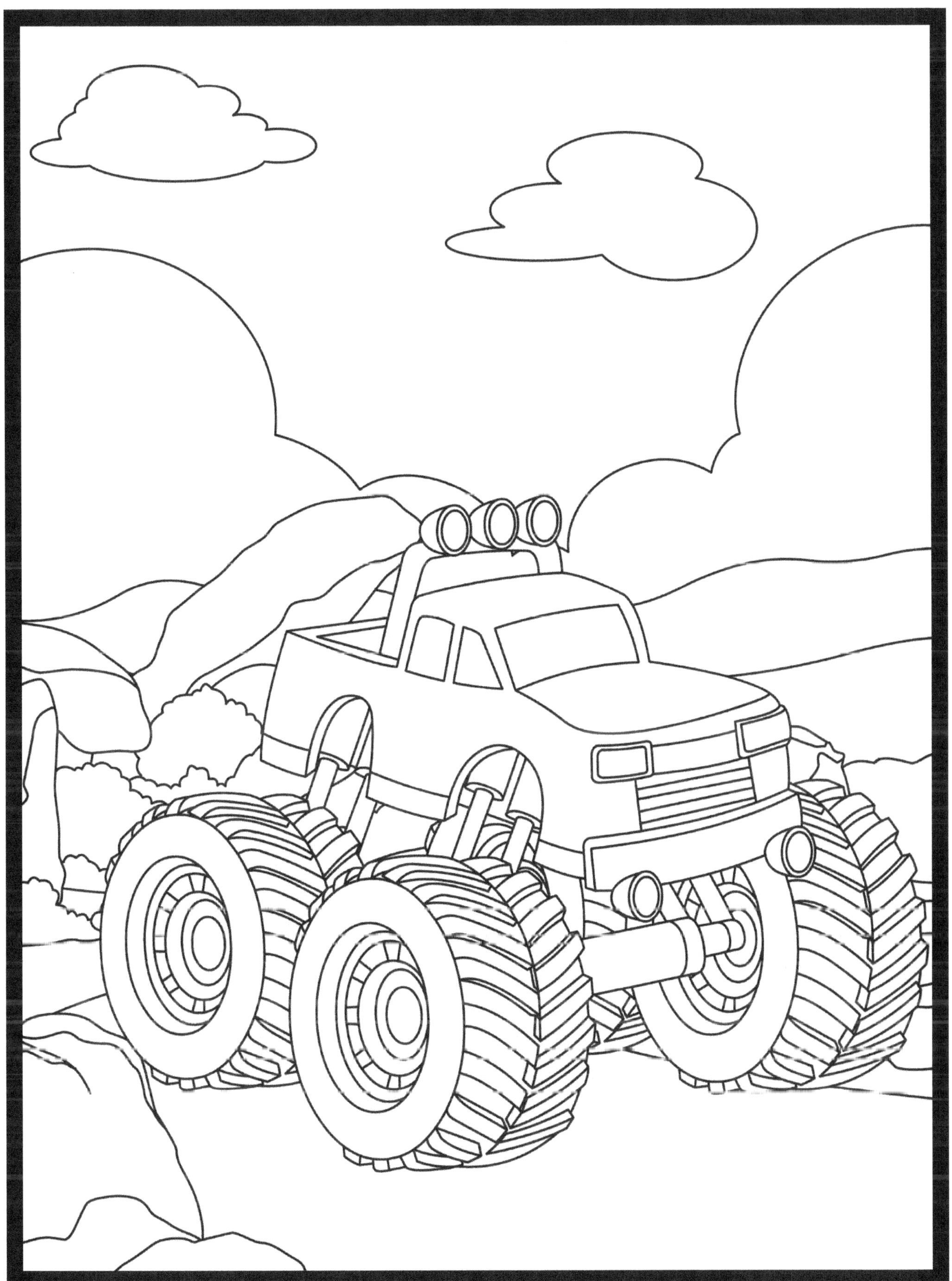

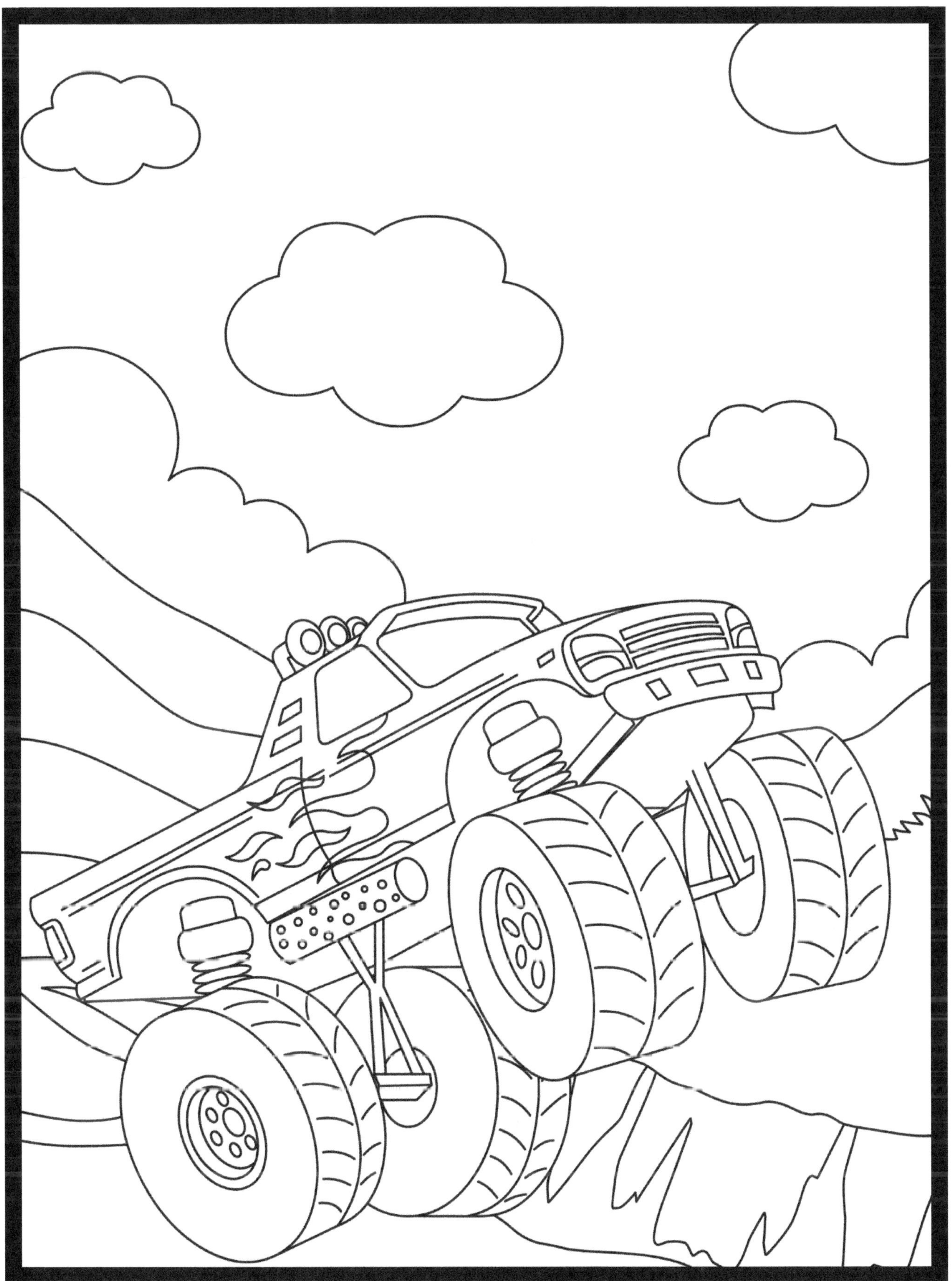

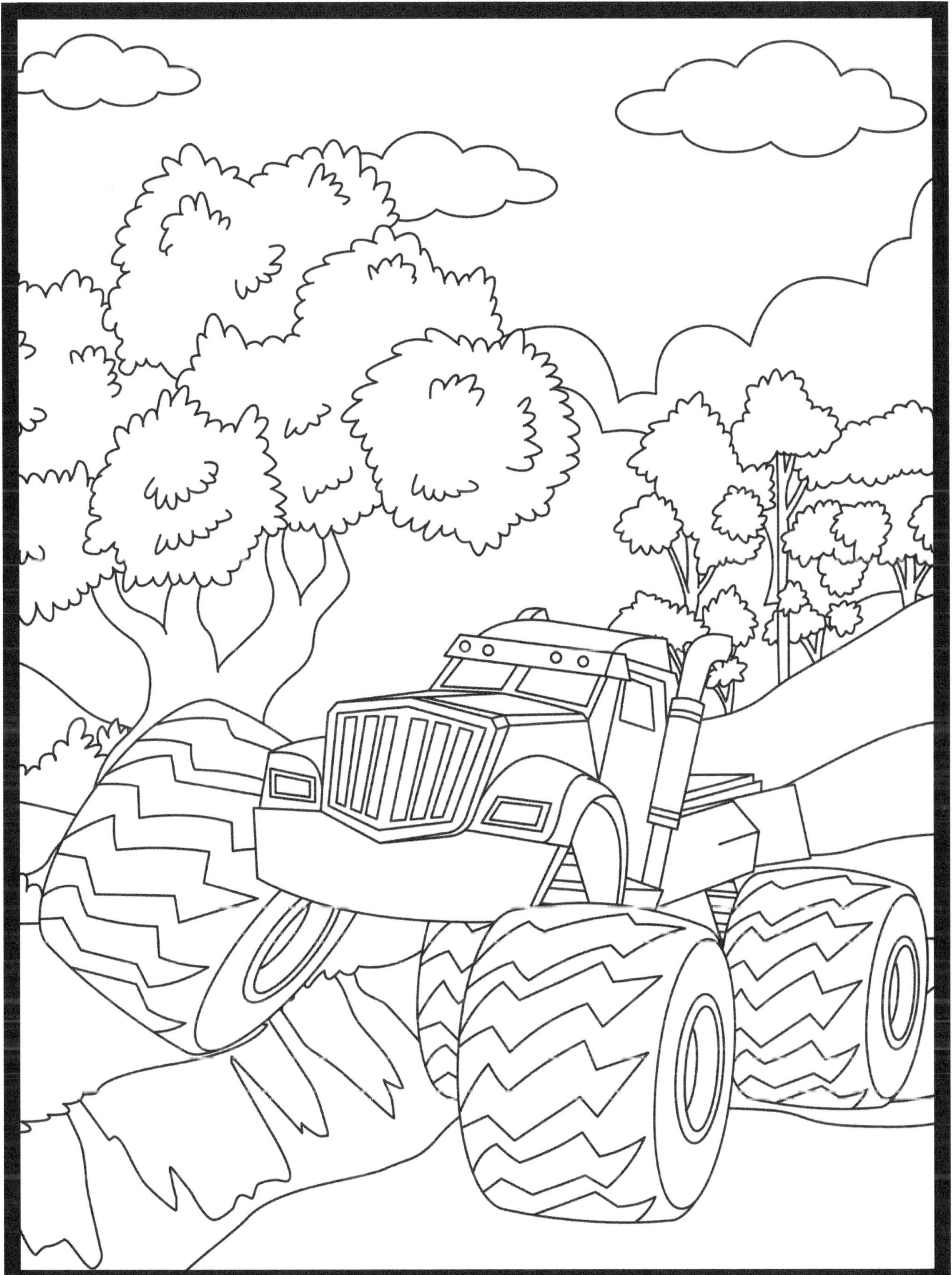

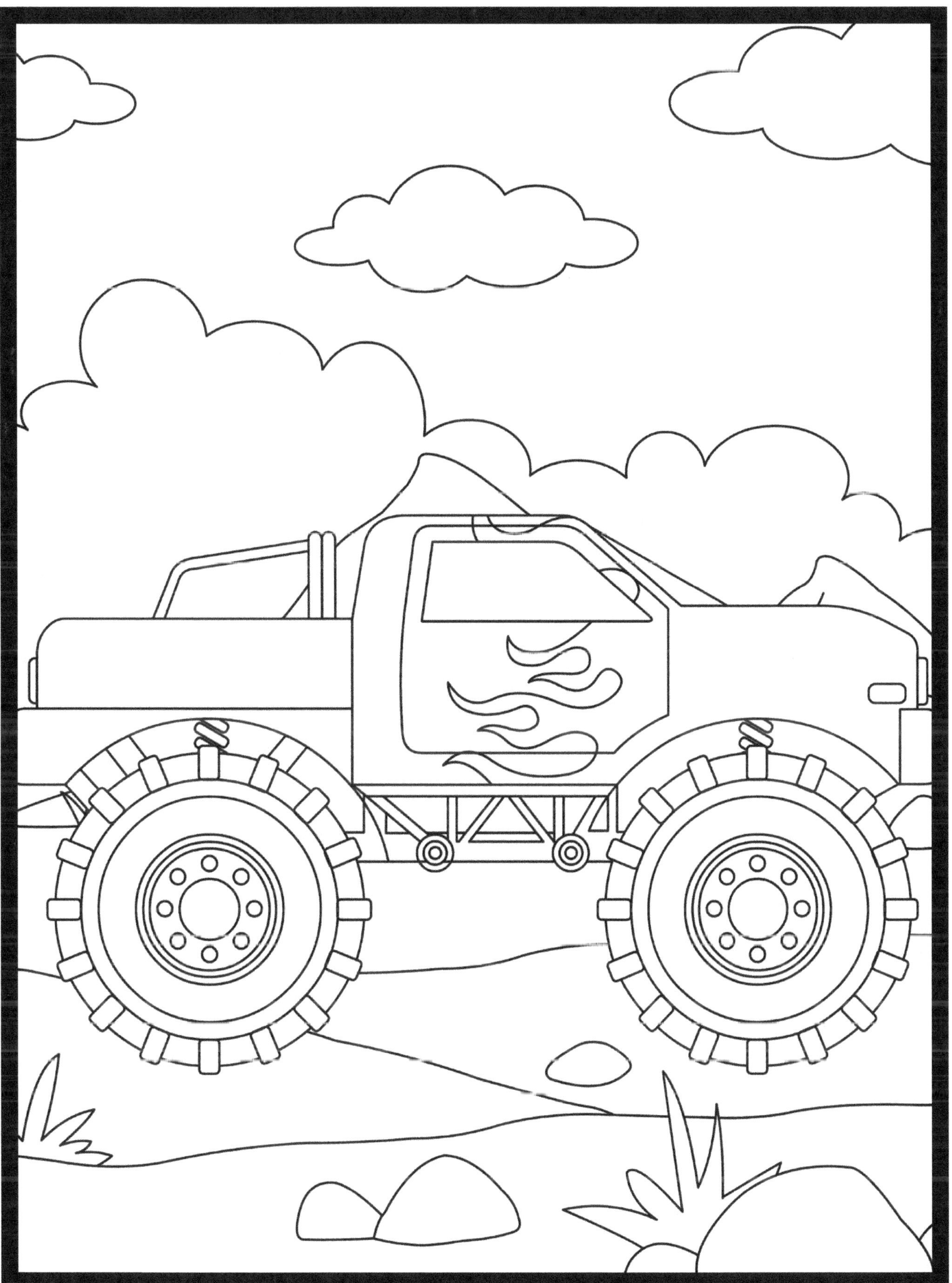

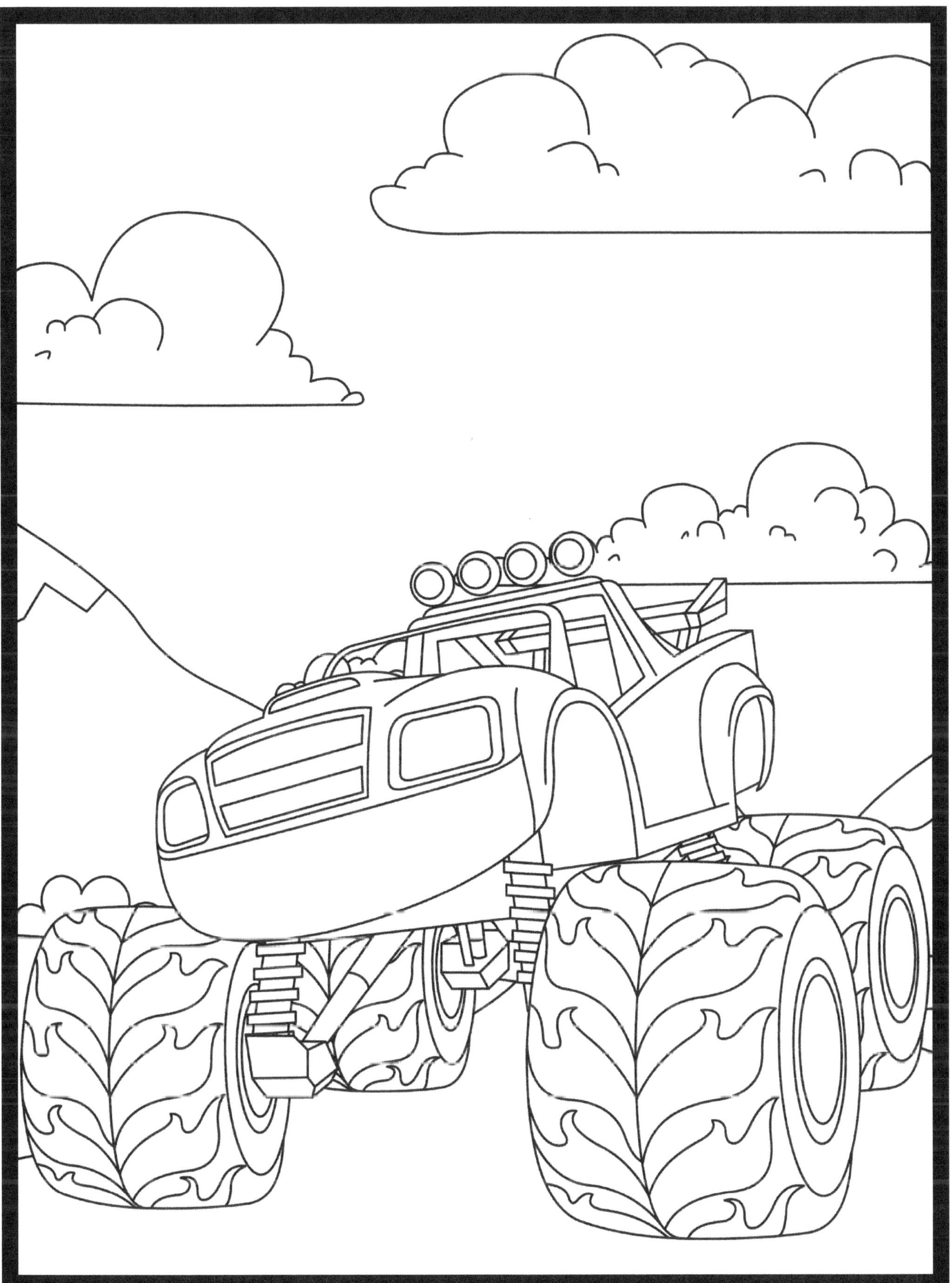

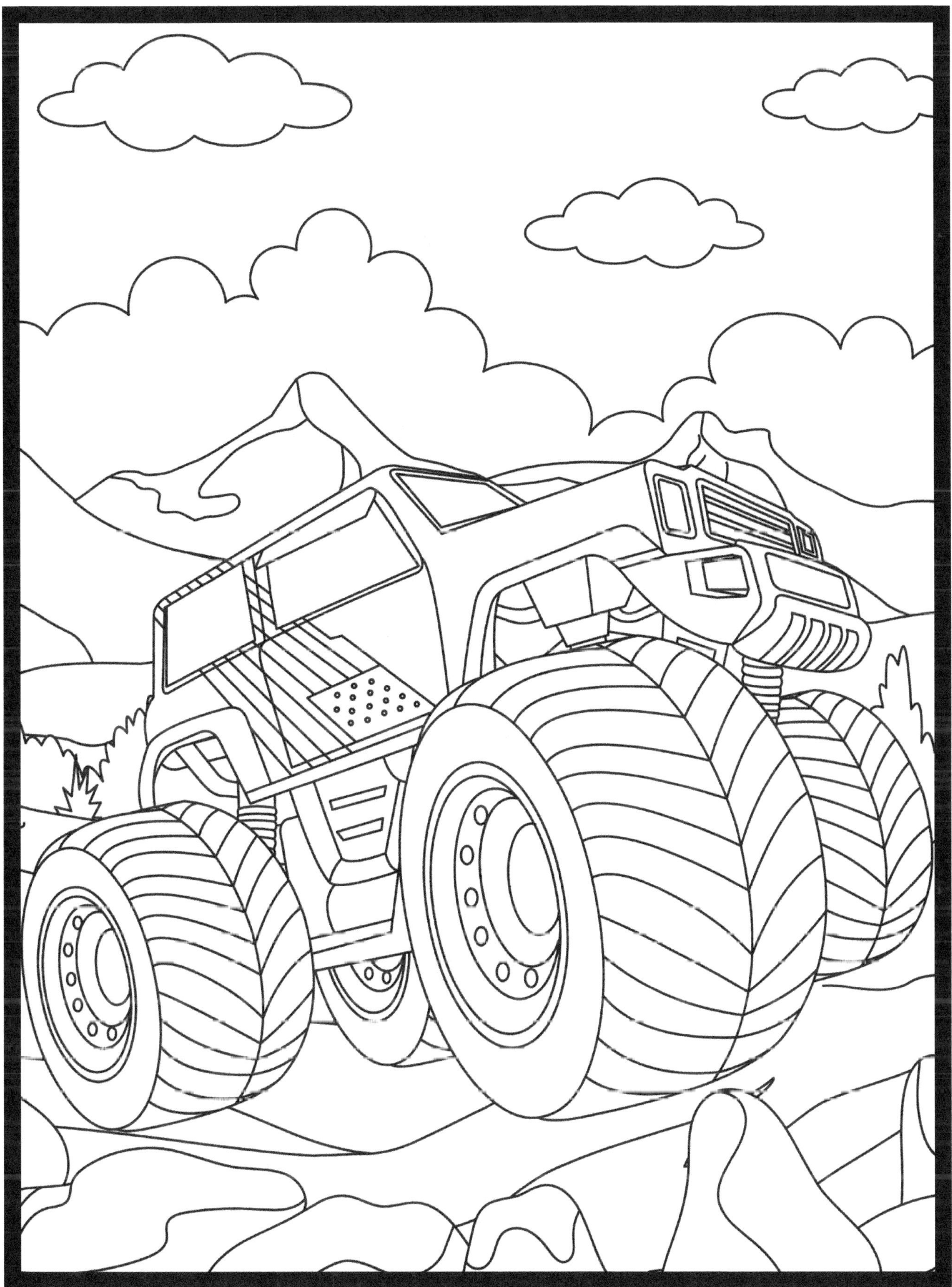

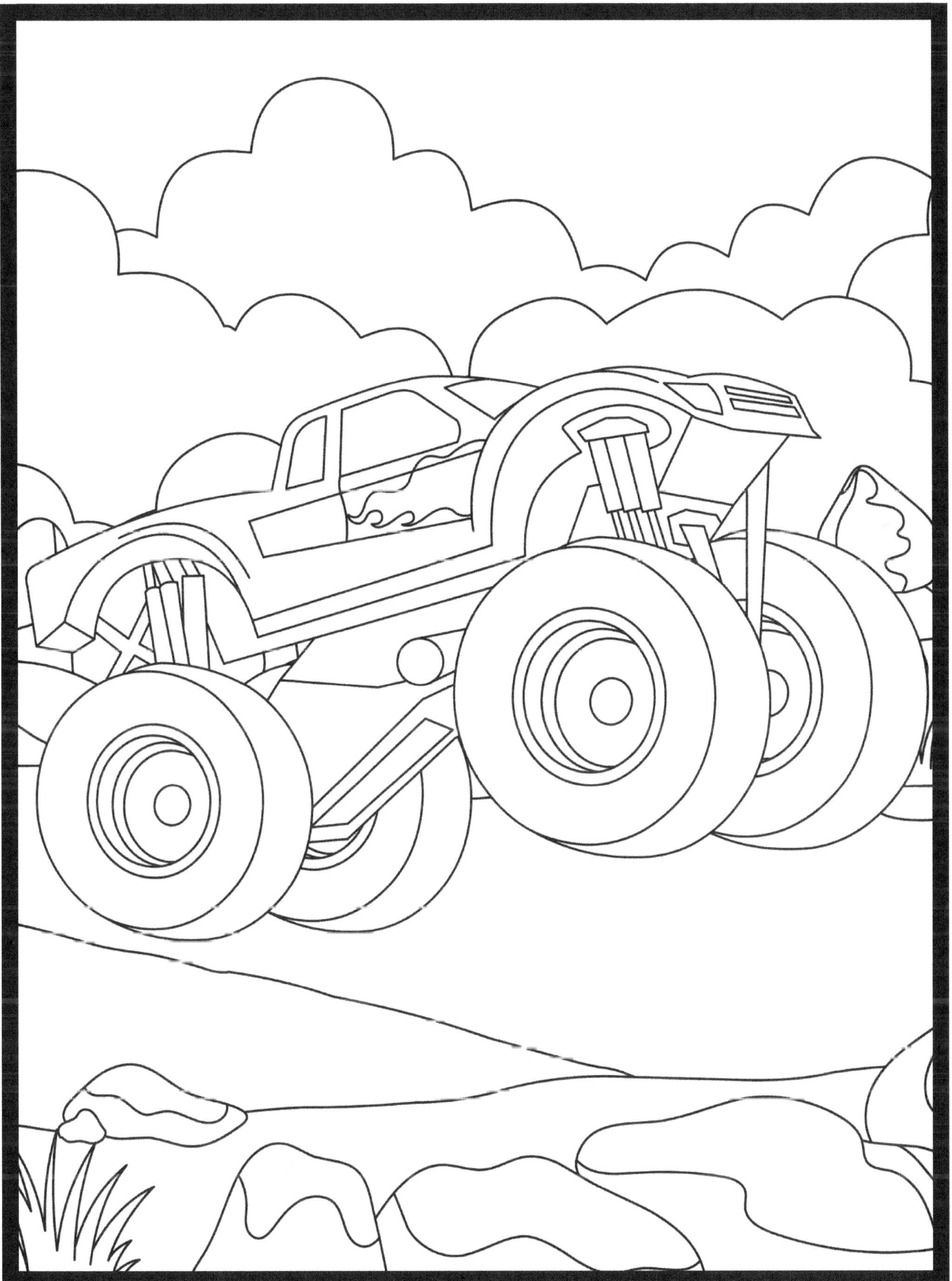

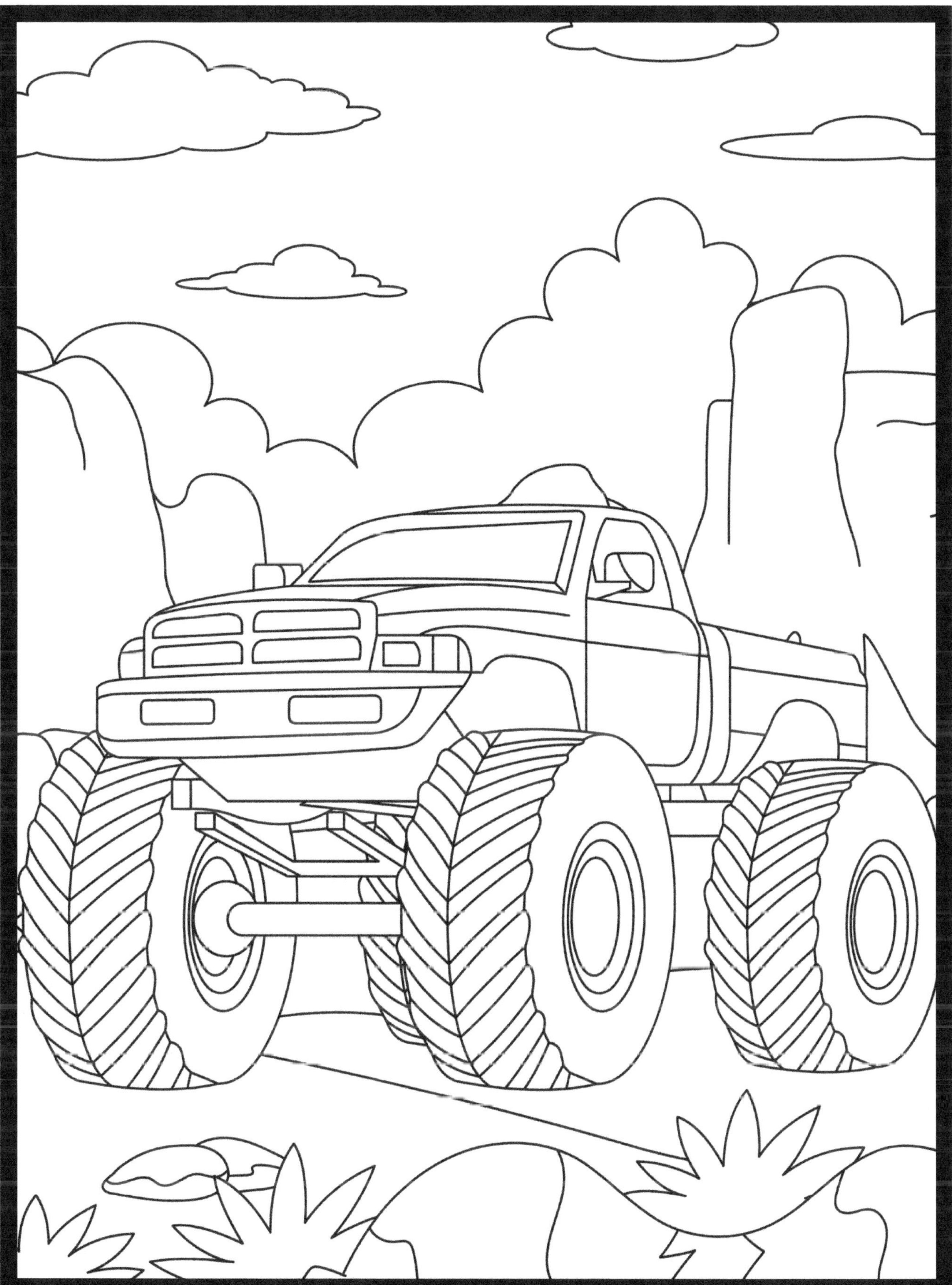

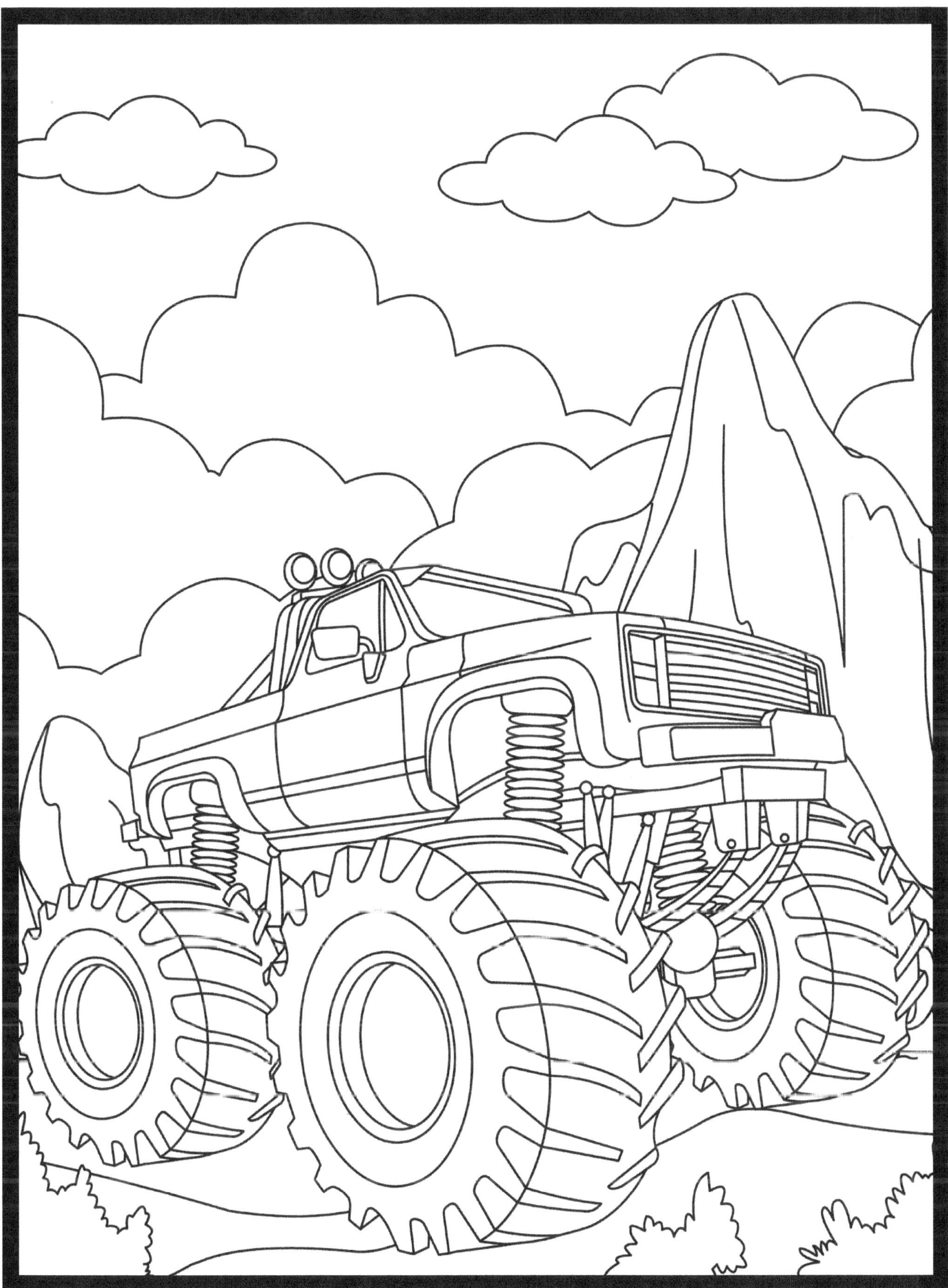

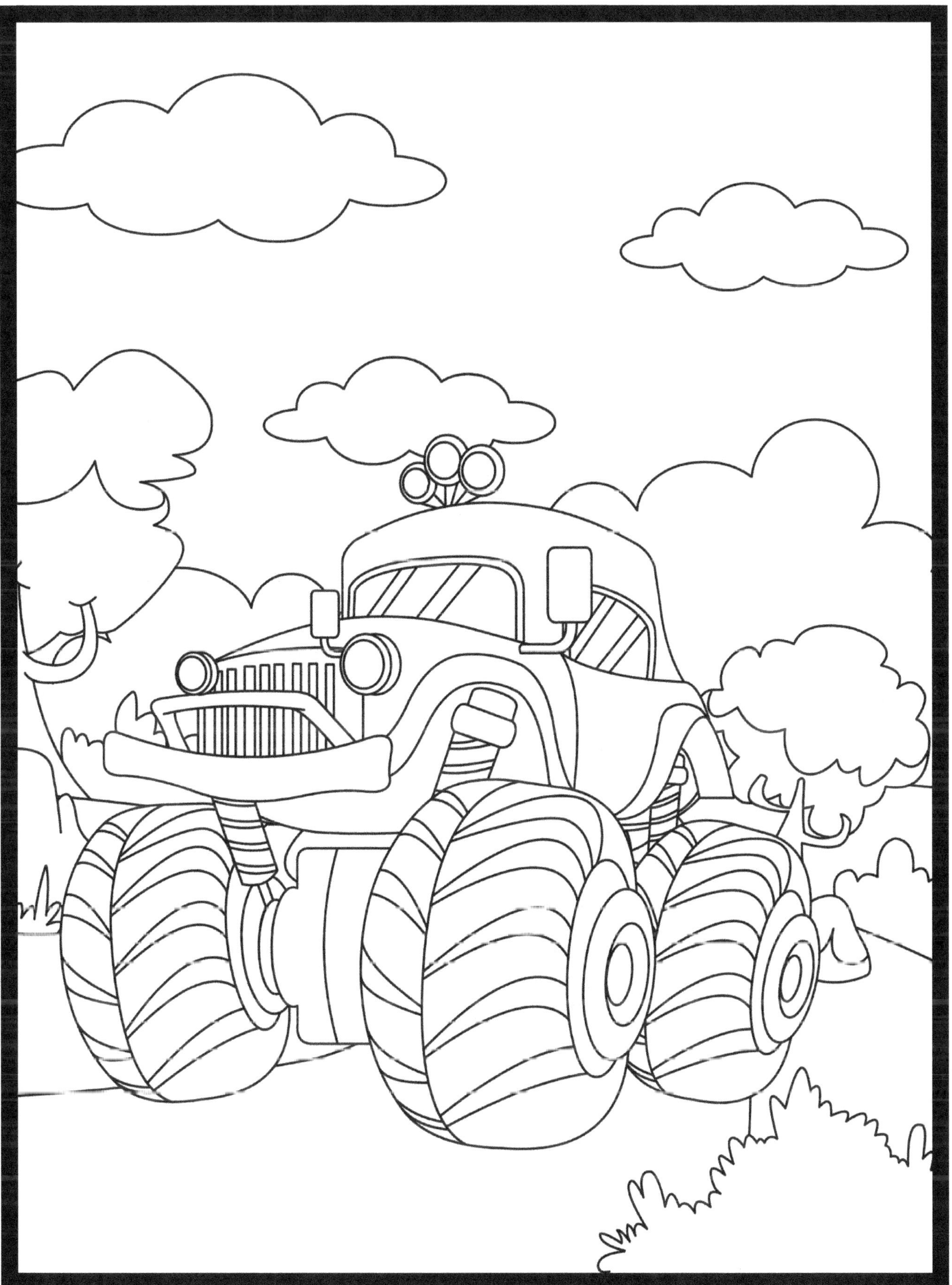

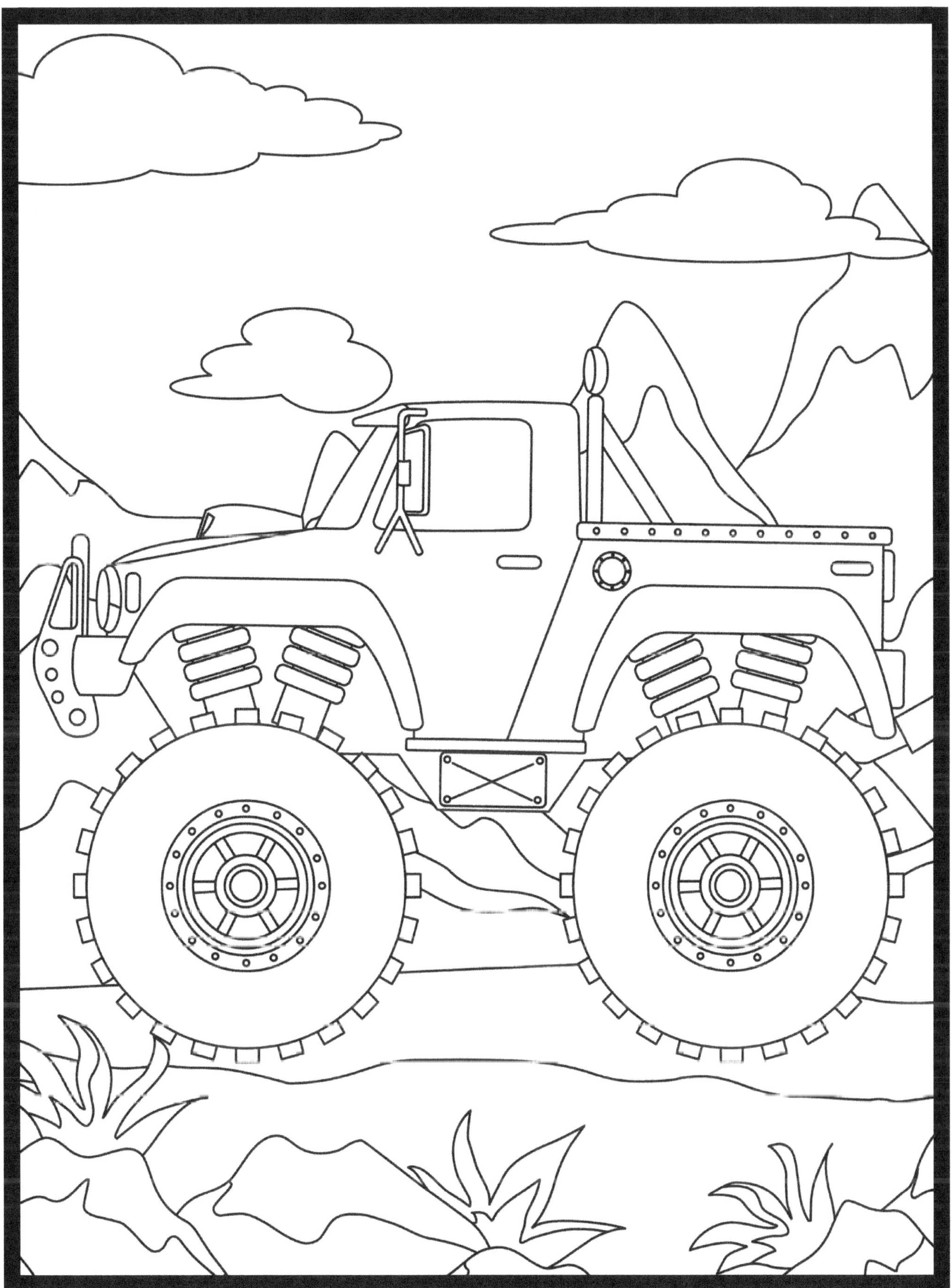

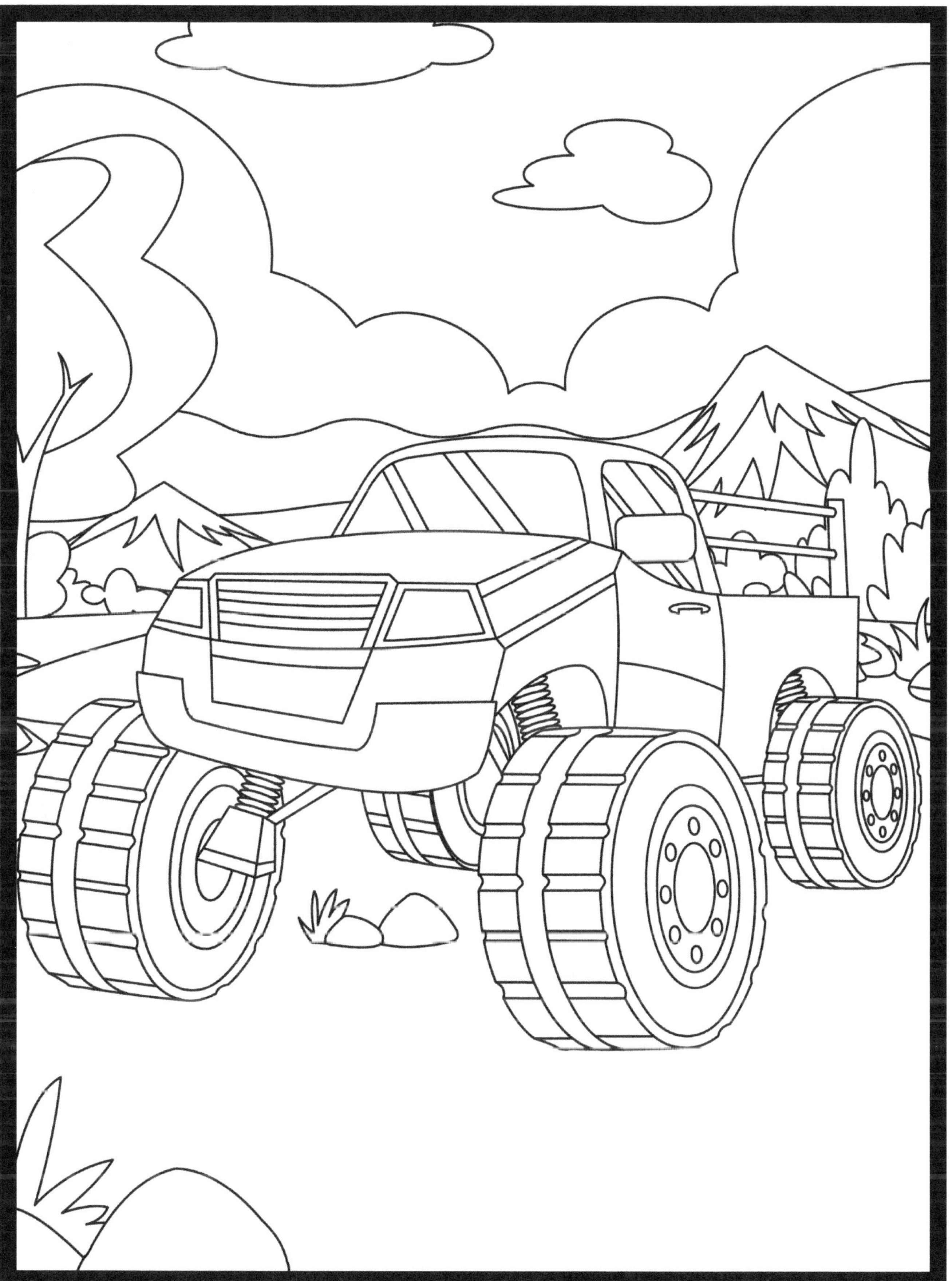

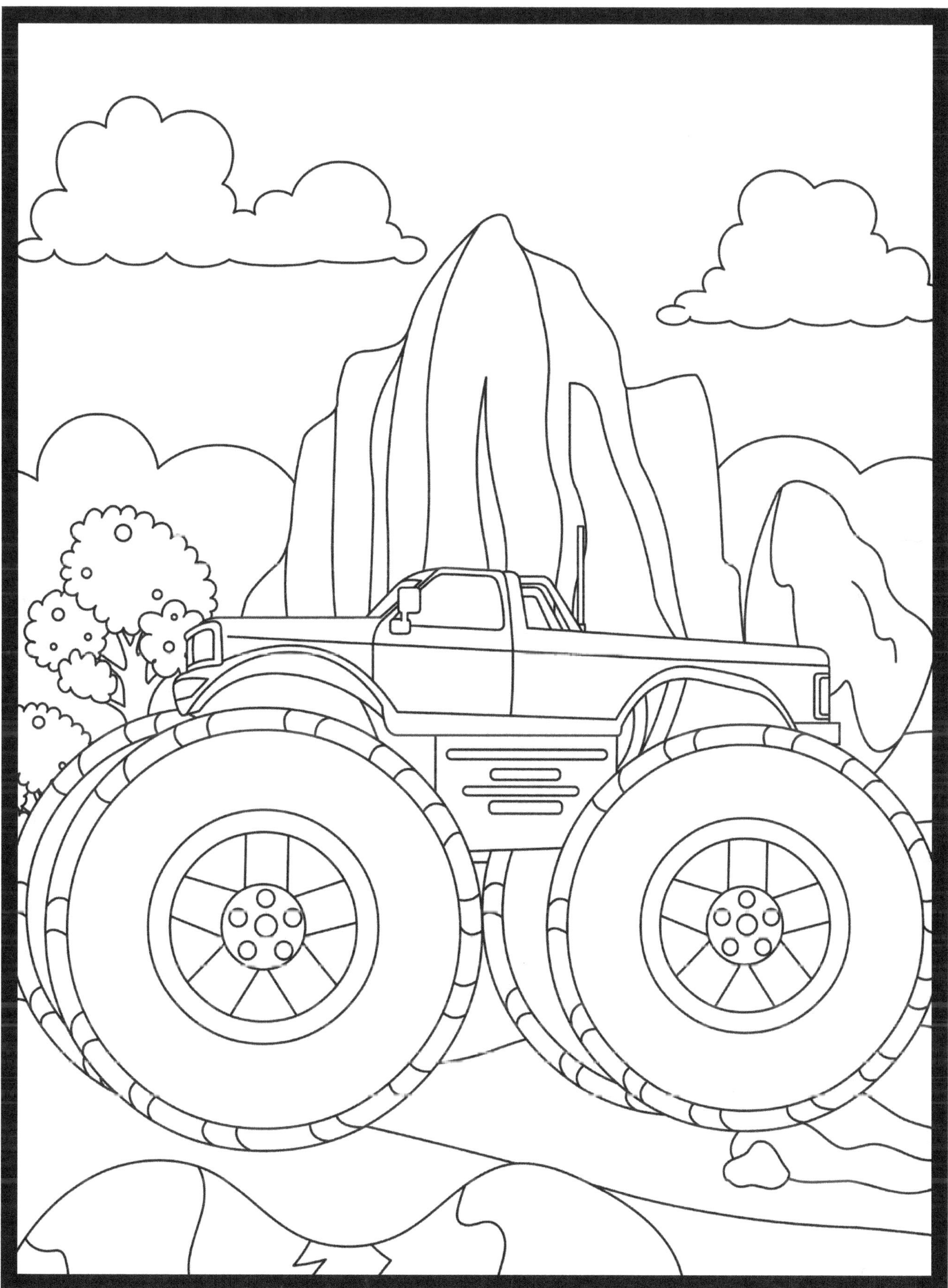

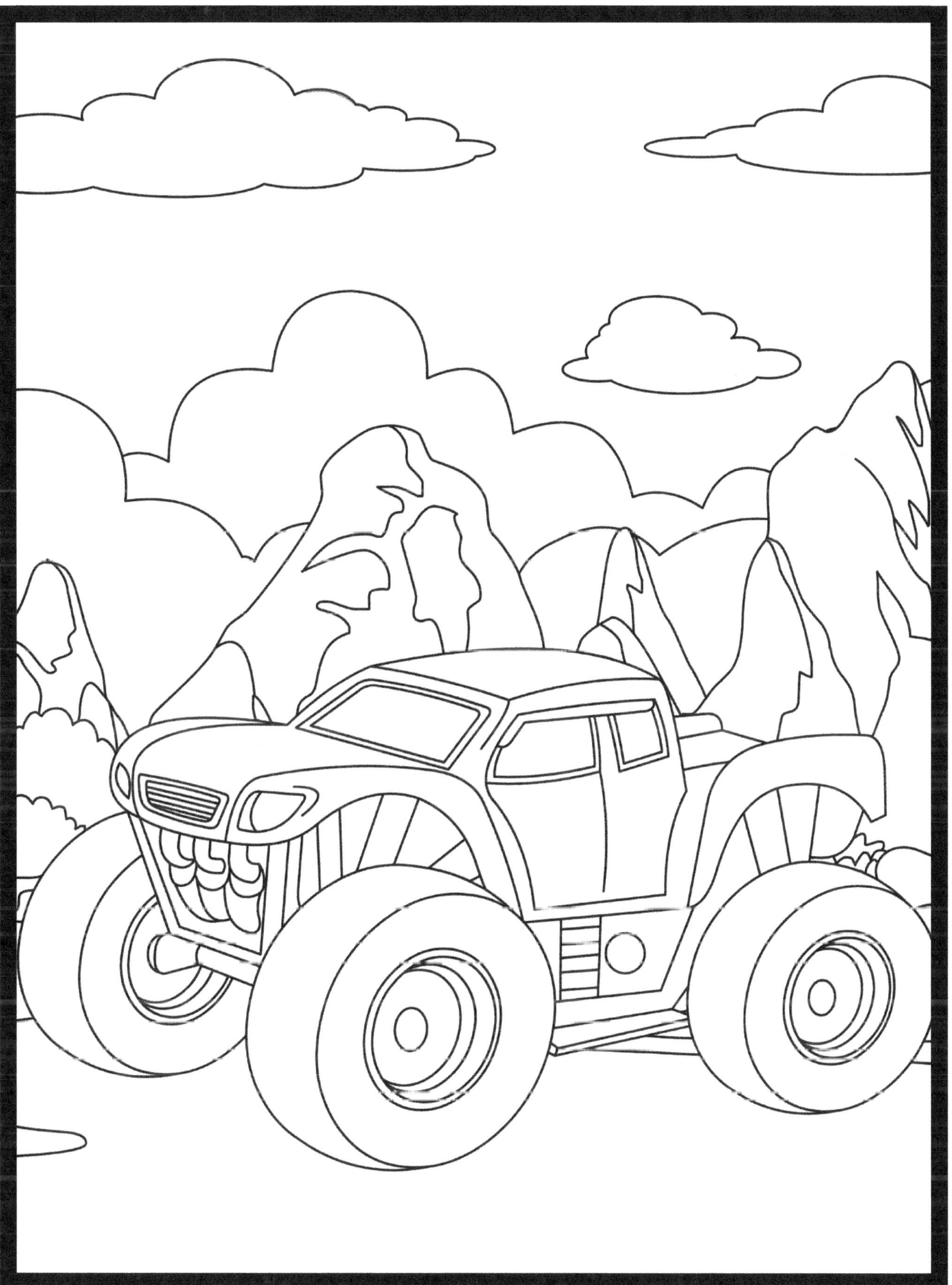

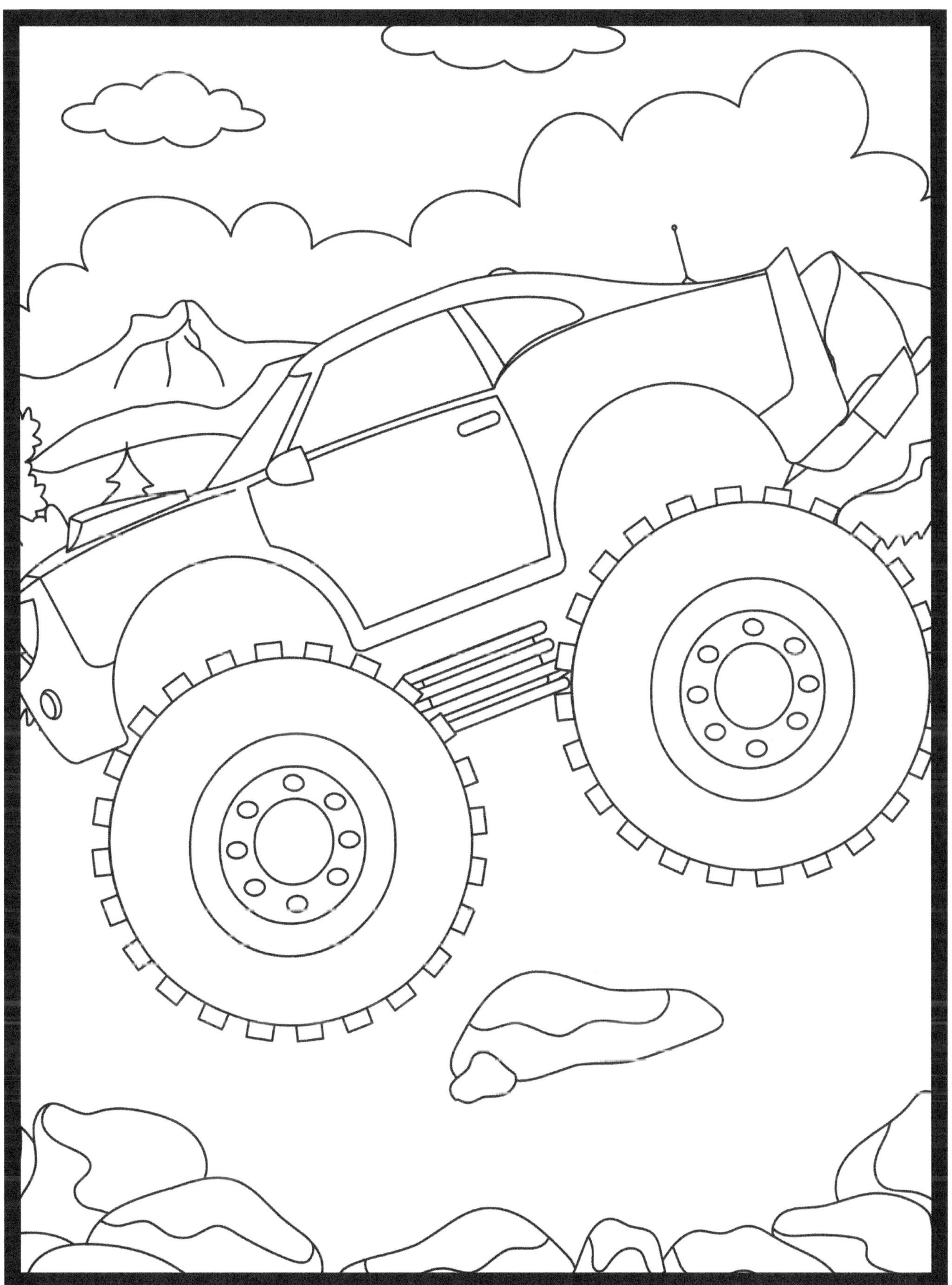

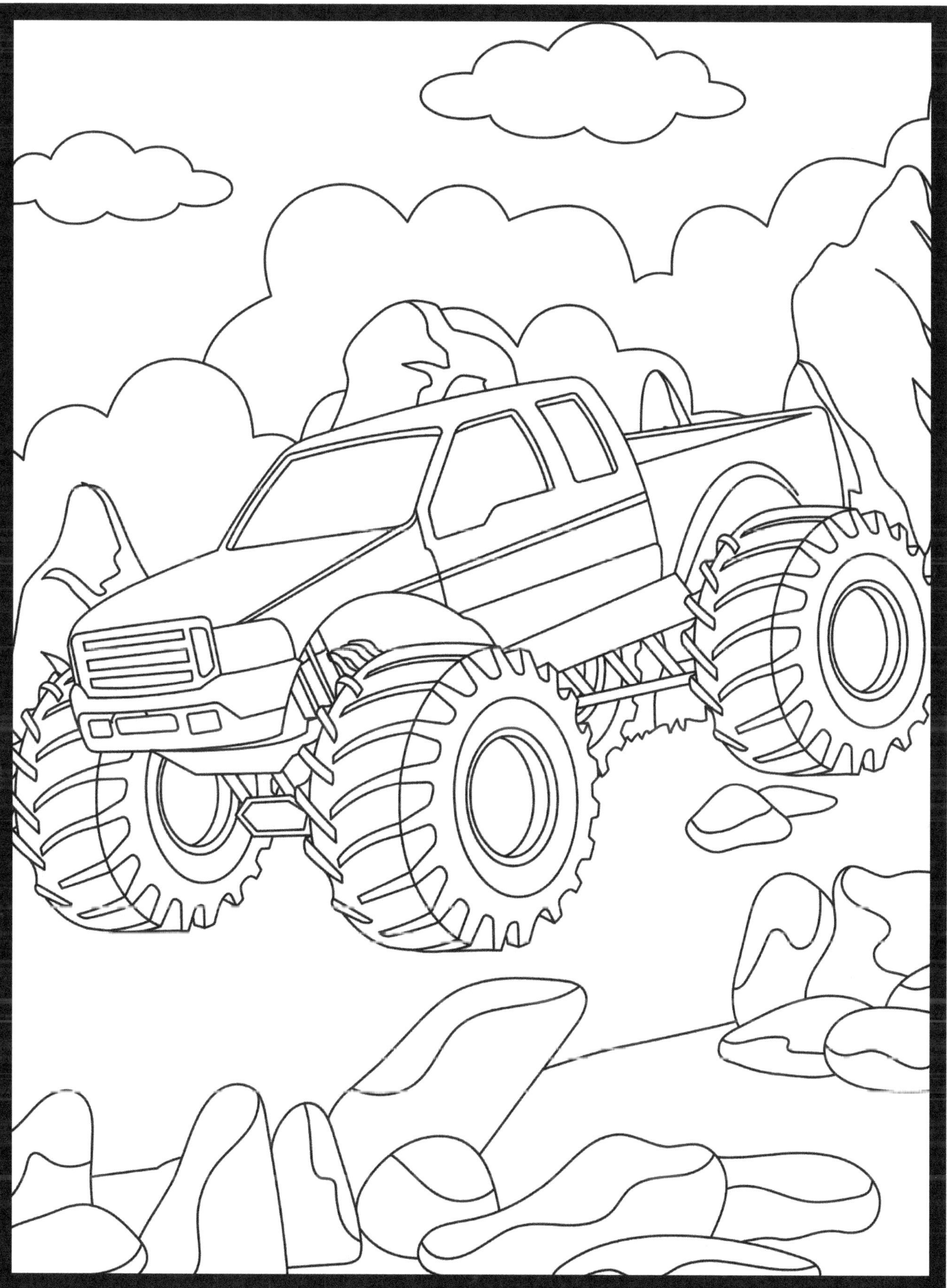

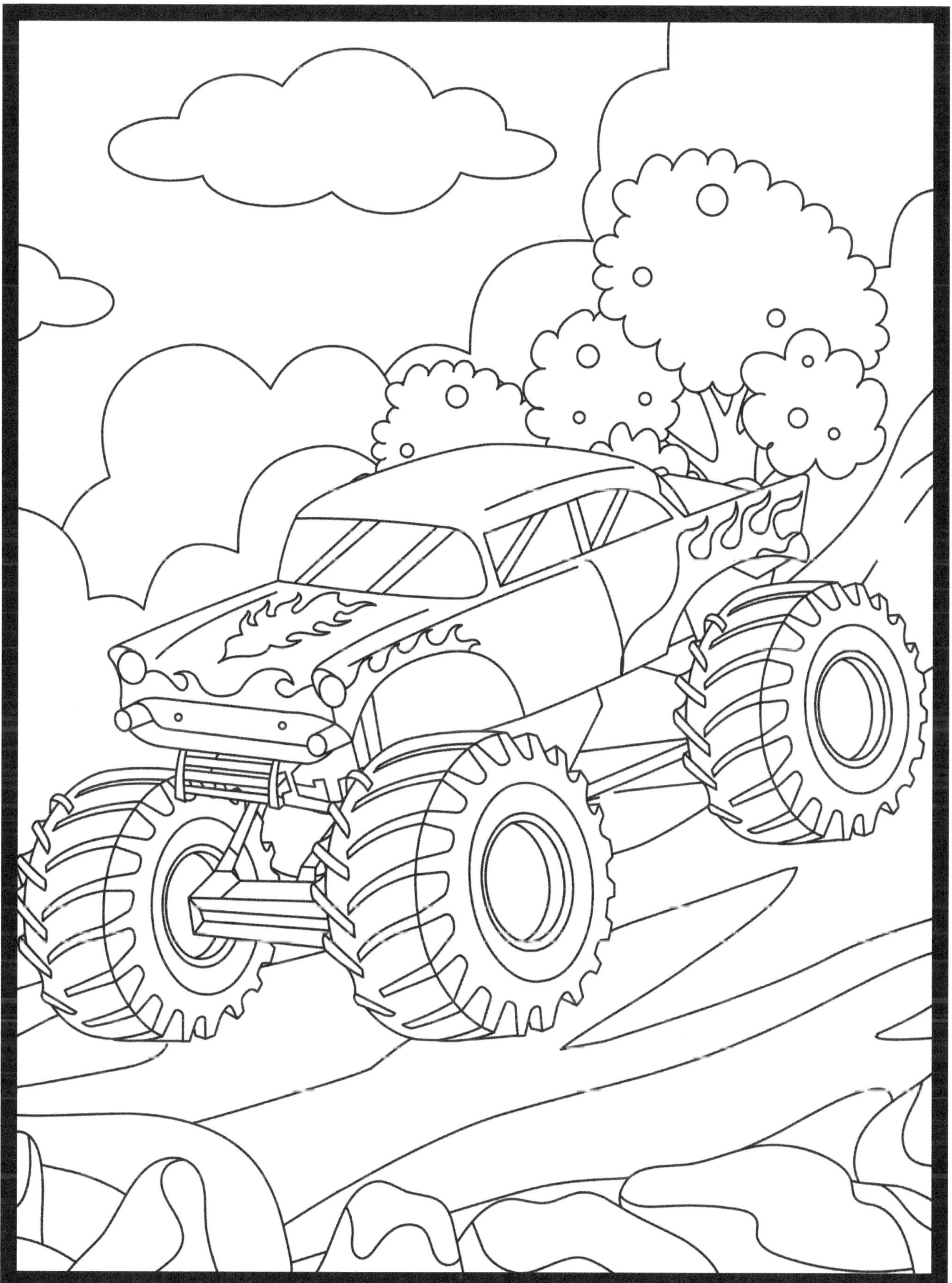

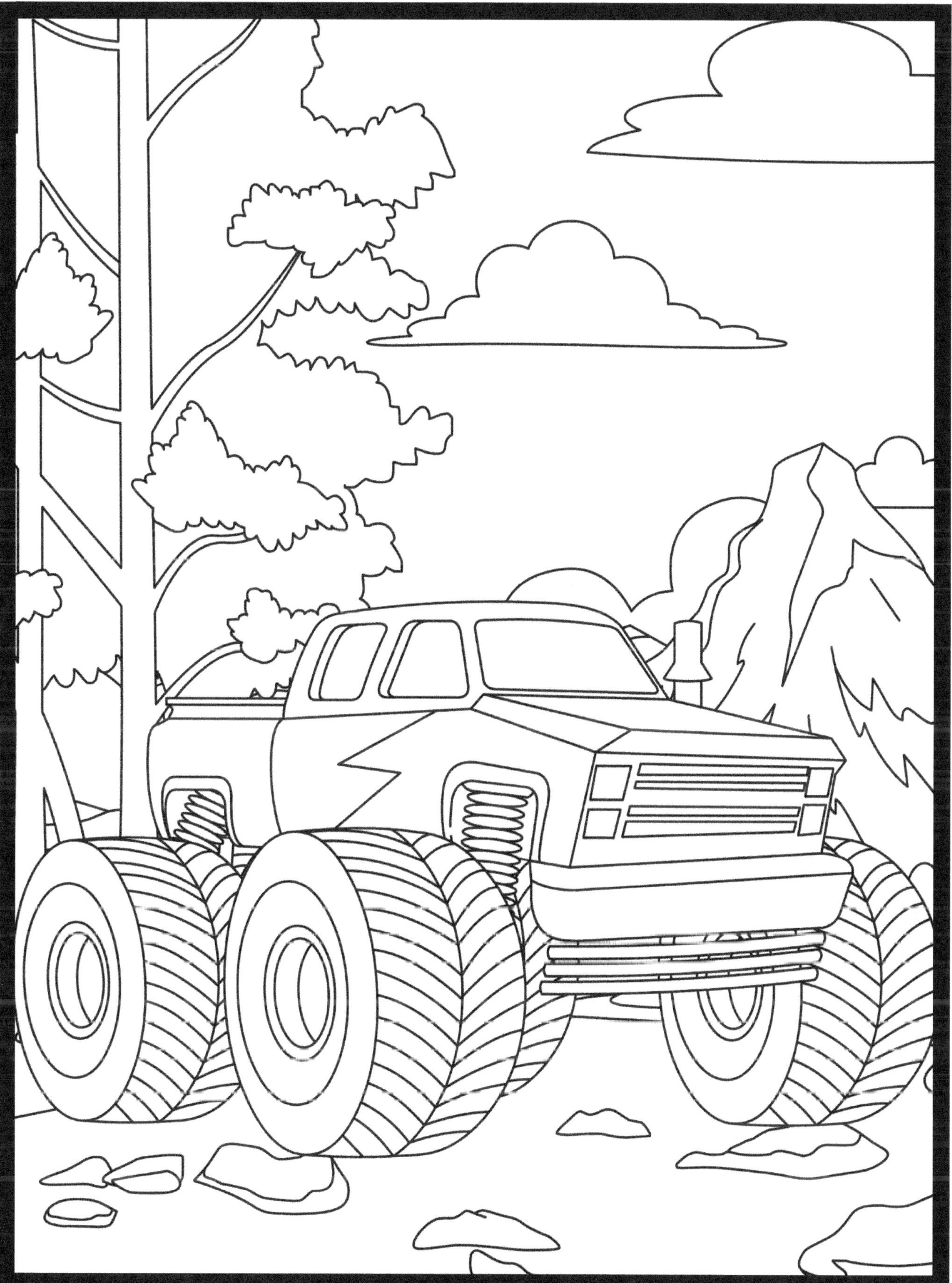

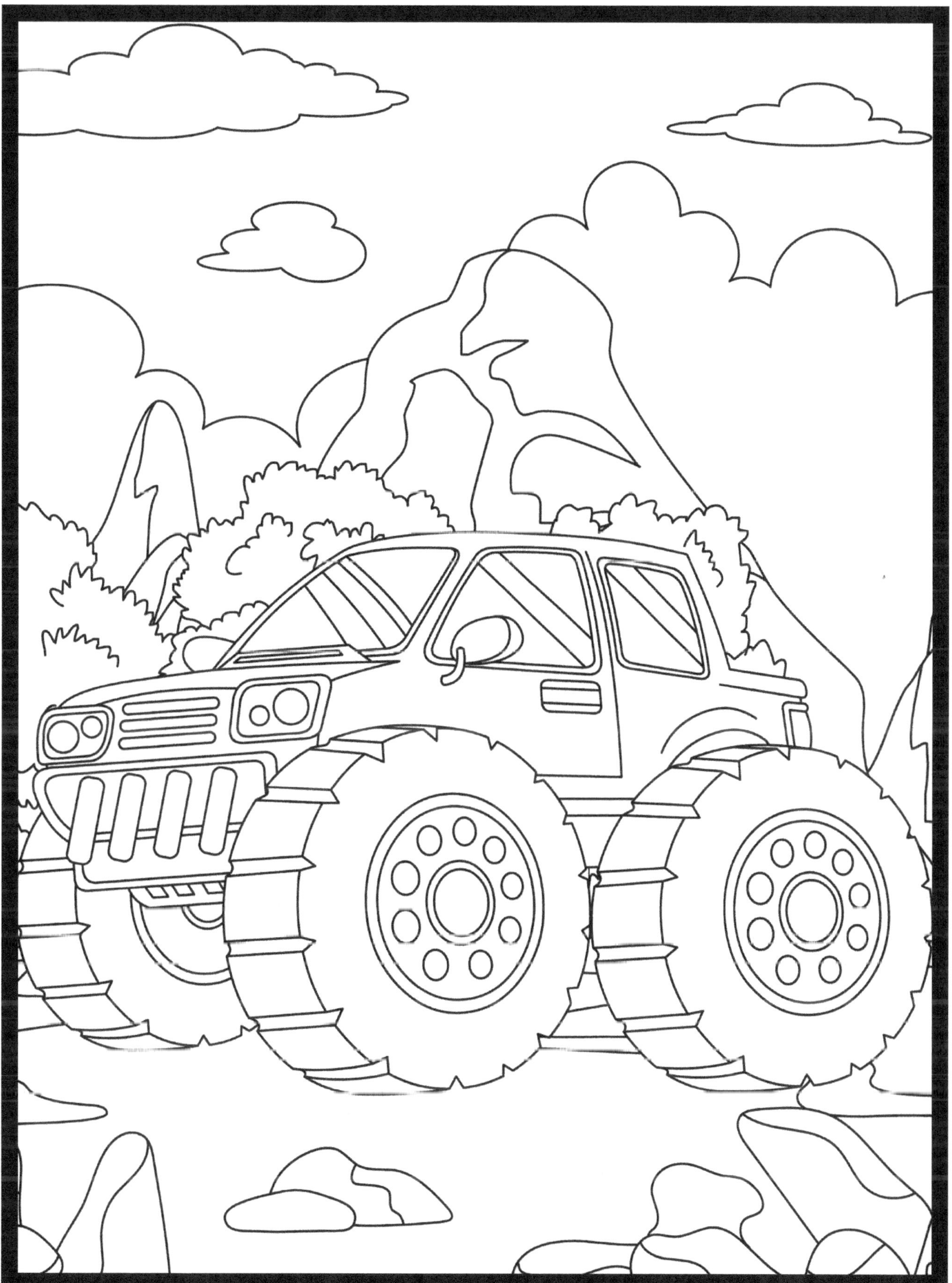

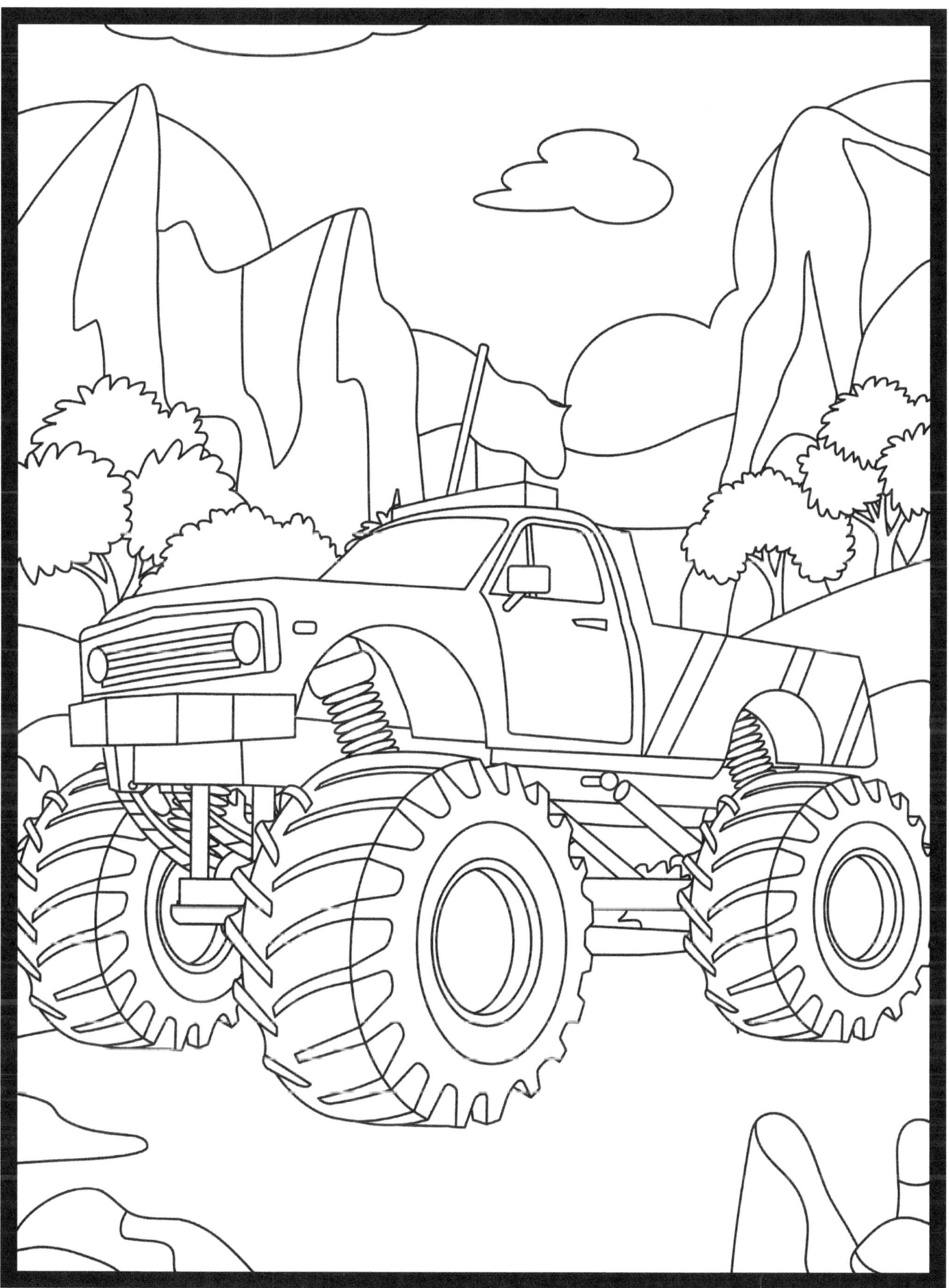